5월의 모든 역사

한국사

한국사

5月

5월의 모든 역사

● 이종하 지음

디오네

머리말

매일매일 일어난 사건이 역사가 된다

역사란 무엇일까. 우리는 왜 역사에 관심을 갖는 것일까.

이 책을 쓰는 내내 머릿속을 맴돌던 질문이다.

아널드 토인비는 역사를 도전과 응전의 개념으로 설명한 바 있다. 그것은 인류사 전체를 아우르는 커다란 카테고리를 설명하기에는 더없이 좋은 개념이다. 그러나 미시적인 문제로 들어가면 이야기가 달라진다. 나일 강의 범람 때문에 이집트에서 태양력과 기하학, 건축술, 천문학이 발달하였다는 것은 도전과 응전으로 설명이 가능하지만, 예술사에서 보이는 사조의 뒤섞임과 되돌림은 그런 논리만으로는 설명이 안 된다.

사실 역사란 무엇인가에 대한 관심은 대학 시절 야학 교사로 역사 과목을 담당하면서 싹텄다. 교과서에 나와 있는 대로 강의를 하는 것은 죽은 교육 같았다. 살아 있는 역사를 강의해야 한다는 생각에 늘 고민이 깊었다. 야학이 문을 닫은 후에 뿌리역사문화연구회를 만든 것도 그런 고민을 해결하지 못했기 때문이다.

약 10년간 뿌리역사문화연구회를 이끌면서 '어린이와 청소년을 위한 교실 밖 역사 여행' '어린이 역사 탐험대'를 만들어 현장에서 어린이와 청소년을 만났다. 책으로 배우는 역사와 유적지의 냄새를 맡으며 배우는 역사는 느낌이 전혀 달랐다. 불이학교 등의 대안학교에서 한국사 강의를 맡았을 때도 그런 느낌은 피부로 와 닿았다.

그렇다고 역사를 현장에서만 접해야 한다는 것은 아니다. 역사 자체는 어차피 관념 속에 있는 것이며, 그것이 우리에게 구체적으로 구현되는 것은 기록을 통해서이기 때문이다. 역사는 과거이며, 그 과거는 기록으로 존재한다. 그러나 현재에 펼쳐진 과거의 기록은 현재를 해석하는 도구이고, 결국 미래를 향한다.

이 책은 매일매일 일어난 사건이 역사가 된다는 사실에 기초하여, 1월 1일부터 12월 31일까지 일어난 중요한 사건들을 날짜별로 기록한 것이다. 사건의 중요도에 따라 집필 분량을 달리하였으며, 『1월의 모든 역사 - 한국사』『1월의 모든 역사 - 세계사』처럼 매월 한국사와 세계사로 구분하였다. 1월부터 12월까지 총 24권에 걸쳐 국내외에서 일어난 중요한 역사적 사실들을 흥미진진하게 담았다.

이 책에 나와 있는 날짜는 태양력을 기준으로 하였다. 음력으로 기록된 사건이나 고대의 기록은 모두 현재 사용하는 태양력을 기준으로 환산하여 기술하였다. 고대나 중세의 사건 가운데에는 날짜가 불명확한 것도 존재한다. 그것들은 학계의 정설과 다수설에 따라 기술했음을 밝힌다.

수년에 걸친 작업이었지만 막상 책으로 엮으니 어설픈 부분이 적지 않게 눈에 들어온다. 앞으로 그것들은 차차 보완을 거쳐 이 시리즈만으로도 인류 역사의 대부분을 일견할 수 있도록 만들고 싶다.

이 책을 쓰다 보니 매일매일을 성실하게 노력하며 살아야겠다는 생각이 든다. 매일매일의 사건이 결국 역사가 되기 때문이다.

이종하

5月

5월의
모든 역사

5월 1일

■
■
■

—

1915년 5월 1일

조선 총독부, 도제를 실시하여
제주군을 제주도로 개편하다

—

태초에 탐라에는 사람이 없었는데, 약 4300여 년 전 한라산 북쪽 기
슭의 모흥혈(毛興穴 : 삼성혈)에서 삼신인이 솟아났다. 이들을 을나乙
那라고 이름 하여 첫째는 양을나良乙那, 둘째는 고을나高乙那, 셋째는 부
을나夫乙那로, 3성씨의 시조가 된다.

그러던 어느 날 동해에서 자주색 흙으로 봉한 나무 상자 하나를 발
견하였다. 상자를 열었더니 둥근 옥함玉函과 함께 자주색 옷에 관대
를 한 사자使者가 나왔다.

옥함 속에는 아름다운 세 처녀가 있었다. 사자는 자신을 벽랑국碧浪國
사람이라 소개하였다. 그리고 세 처녀는 자기 나라의 공주로, 삼신
인의 배필이 되고자 모시고 왔다고 말하였다. 이에 삼신인은 세 공
주와 혼례를 올렸다.

삼신인은 각기 정주할 터전을 마련하기 위해 한라산 중턱에 올라
거주지를 선택하는 활을 쏘아 제주도를 삼등분하였다. 양을나는 지
금의 제1도(제국), 고을나는 제2도(대정), 부을나는 제3도(정의)에 터
를 잡아 촌락을 이루고, 자손을 번성하여 탐라국의 기초를 쌓았다.

-「삼성신화」

돌, 바람, 여자가 많은 화산섬 제주濟州를 우리는 '삼다三多의 섬'이라고 부른다. 제주는 우리나라 남부의 해안에서 약 130km 떨어진 화산섬으로 섬 전체가 '화산 박물관'이라고 할 만큼 다양하고 독특한 화산 지형을 자랑한다. 섬의 중앙에 위치한 한라산 정상에서는 화산 활동의 분화구인 백록담을 볼 수 있다.

제주의 땅 위에는 크고 작은 368개의 오름(오름 : 소규모 화산체를 뜻하는 제주 방언)이 있으며 땅 아래에는 160여 개의 용암 동굴이 섬 전역에 흩어져 있다. 작은 섬에 오름과 동굴이 분포되어 있는 경우는 전 세계적으로 매우 드물다. 이러한 제주의 가치는 2002년 생물권 보전 지역 지정, 2007년 세계 자연 유산 등재, 2010년 세계 지질 공원 인증 등으로 이미 3차례나 입증되었다.

제주는 7대 자연 경관인 섬 · 화산 · 폭포 · 해변 · 국립 공원 · 동굴 · 숲을 모두 갖추고 있어 세계적인 휴양지로도 각광받고 있다. 특히 바다 위에 우뚝 솟은 한라산은 1,800여 종의 식물과 수천 마리의 야생 노루가 서식하는 동식물의 보고다.

제주의 역사는 지금으로부터 약 7, 8만 년 전 구석기 시대부터 시작된 것으로 추정된다. 제주 일대에서 선사 시대의 유물과 유적이 다수 발견되었는데 구석기 시대의 유적으로는 제주시 애월읍에 있는 '빌레못 동굴'이 잘 알려져 있다. 신석기 시대의 유적으로는 '제주 고산리 선사 유적'(사적 제412호)이 있는데 이곳에서 빗살무늬 토기, 민무늬 토기, 석부 등이 다수 발견되었다. 이로써 선사 시대부터 제주를 중심으로 집단생활이 이루어졌음을 추정해 볼 수 있다.

제주의 옛 이름은 탐라耽羅이다. 탐라는 삼국 시대 이래 독립국으로 존재하다가 신라 문무왕 2년(662)에 신라에 복속되었다. 고려 태조 21

년(938)에는 고려의 속국이 되었다가 숙종 10년(1105)에 군郡이 설치되면서 탐라군으로 개편되어 비로소 군현 체제에 편입되었다. 이후 희종 7년(1211)에 탐라를 '제주'로 개칭하였다.

제주는 조선 태종 2년(1402)부터 실질적인 조선의 행정권에 포함되었다. 태종 16년(1416)에는 이른바 제주 삼읍이라 하여 제주를 제주목濟州牧, 정의현旌義縣, 대정현大靜縣의 세 고을로 나누었다. 즉 한라산을 경계로 산의 북쪽을 제주목이라 하여 목사를 파견하였고, 산의 남쪽을 동서로 나누어 동쪽을 정의현, 서쪽을 대정현으로 구분하고 두 곳의 현에 현감을 두었다. 제주목에는 정 3품의 목사와 목사를 보좌하는 종 5품의 판관을, 정의현과 대정현에는 종 6품의 현감을 파견하였다.

고종 대에는 종래 1목 2현의 행정 체제에 변화가 생겼다. 즉 부·목·군·현 등으로 번잡하게 나누어져 있던 행정 체제를 모두 군으로 단일화시켰다. 그리하여 제주목, 정의현, 대정현이 모두 제주군, 정의군, 대정군의 3군으로 개편되었고 목사와 두 명의 현감도 모두 군수로 바뀌어 제주부 관찰사에 소속되었다.

제주는 1894년 7월부터 시행된 갑오개혁의 여파로 종래의 지방 제도가 개정되어 1895년에는 전국 23부의 하나인 제주부로 독립된 행정 구역이 되었다. 이에 따라 제주군, 정의군, 대정군의 3군은 제주부에서 관할하게 되었다. 그러나 1896년 8월에 또다시 전국 23부를 13도로 개편함에 따라 제주부는 전라도에 소속되었다. 1914년 4월에는 제주군, 정의군, 대정군, 완도군 일부가 제주군으로 통폐합되었다.

1915년 5월 1일에는 조선 총독부령 제44호에 따라 도제島制가 실시되었다. 도제는 일제 강점기에 처음 도입된 지방 행정 제도로 이에 따라 제주군은 제주도로 개편되었다. 일제는 제주도에 도사島司를 파견하여 섬 전반의 행정 사무를 관할할 뿐만 아니라 경찰 행정까지 장악하였다. 제주도는 광복 후인 1946년 8월 1일에 전라남도에서 분리되었다.

제주는 1948년에 발생한 '제주도 4 · 3 사건'으로 수만 명의 제주도민들이 희생되는 아픔을 겪었다. 그러나 1960년대에 들어 제주도 개발 정책이 본격적으로 시행됨에 따라 제주도민의 소득이 크게 증대되었고, 이때부터 제주도는 점차 관광지로 주목받기 시작하였다.

1970년대에는 육지와 섬을 잇는 교통편이 크게 향상되어 신제주와 중문 관광 단지의 개발 사업이 활발하게 이루어졌다. 2002년부터는 '제주국제자유도시 특별법'에 의하여 제주를 국제적인 관광 · 휴양 도시, 첨단 지식 산업 도시 등으로 만들기 위한 종합 개발 계획이 추진되었다. 이로써 제주는 동북아시아의 중심 도시로 발전해 나갈 수 있는 발판을 마련할 수 있게 되었다.

2006년 7월에는 '제주특별자치도 설치 및 국제자유도시 조성을 위한 특별법'에 의해 도에서 '제주특별자치도'로 승격하였다. 이어 2007년에는 총 46건의 국제회의가 제주에서 개최되어 국제도시로서의 위상을 드높이고 있다.

* 1948년 4월 3일 '제주도에서 4 · 3 사건이 발생하다' 참조

1998년 5월 1일

일본군 위안부로 끌려간 훈 할머니,
50년 만에 귀국

1998년 5월 1일 일본군 위안부로 생활했던 훈 할머니가 김포공항을 통해 귀국하였다.

훈 할머니는 1921년에 경상남도 진동에서 태어났다. 그녀는 태평양 전쟁이 한창이던 1942년 말, 일본군에 의해 강제로 캄보디아로 끌려갔다. 훈 할머니가 도착한 곳은 캄보디아 프놈펜 교외에 설치된 위안소였다. 그곳에서 훈 할머니는 일본군의 '성 노예'가 되어 생지옥의 아픔을 겪었다. 전쟁이 끝난 후에도 끝내 조국으로 돌아오지 못했다.

그 뒤 훈 할머니는 캄보디아의 수도인 프놈펜에서 약 79km 떨어진 스쿤이라는 조그만 정글 마을에서 지내다가 1997년에 우연히 한 한국인 사업가에게 발견되었다. 얼마 뒤 10대의 꽃다운 나이에 위안부로 끌려가 한평생을 고통 속에 살아온 훈 할머니의 사연이 프놈펜에서 발행되는 영자지 「프놈펜 포스트」에 보도되었다. 이 소식은 한국은 물론 전 세계로 빠르게 전달되었다.

한국에서는 즉각 훈 할머니의 가족 찾기에 나섰다. 훈 할머니는 약 50여 년 동안 자신의 이름과 가족, 고향도 모른 채 '조선 사람'이라는 것만 어렴풋이 기억하고 있었다. 오랜 이국 생활로 한국말도 잊었고 외모도 많이 변했기 때문에 가족을 찾는 데 많은 난관이 있었다. 그러나 유전자 감식 끝에 동생 이순이 씨와 올케 조선애 씨를 찾을 수 있었다. 훈 할머니의 본명은 이남이로 밝혀졌다.

훈 할머니는 사연이 알려진 지 두 달여 만에 국내에서 혈연을 찾고 국적을 회복하여 반세기 만에 조국 땅을 밟았다. 그러나 할머니는 한국 생활에 적응하지 못하고 얼마 안 되어 다시 캄보디아로 돌아갔다.

훈 할머니는 2001년 2월 15일, "고향으로 돌아가고 싶다."는 말을 남기고 눈을 감았다. 유해는 평소 잘 다니던 절에 봉안되었다.

1932년 5월 1일

조선어 학회 기관지, 『한글』 창간호 발행

1932년 5월 1일, 조선어 학회의 기관지인 『한글』의 창간호가 발행되었다.

『한글』은 월 1회 국어학에 관한 연구를 게재하는 학술지로 당시 편집 겸 발행인은 신명균이 맡았다. 『한글』은 원래 국문학자 주시경의 제자들이 조직한 조선어 연구회의 기관지로 창간되었다.

조선어 연구회는 1921년, 순 우리말 연구와 보급을 위해 이윤재를 비롯한 국문학자들이 모여 발족한 것으로, 1927년 2월에 처음 동인지 형식으로 창간호가 발행되었다. 1931년에는 최현배를 비롯한 몇몇 국문학자들이 조선어 연구회를 확대 개편하여 조선어 학회를 창립하고 1932년 5월 1일에 다시 『한글』의 창간호를 발행한 것이다.

그러나 1942년 10월, 일제가 조선어 학회를 독립운동 단체로 간주하고 조선어 학회의 회원들을 체포한 이른바 '조선어 학회' 사건으로 폐간 당하였다. 이후 광복을 맞아 1946년 4월부터 다시 발행되었다.

『한글』은 일제 강점기 민족 말살 정책에 당당히 맞서며 우리말의 보급과 문맹 퇴치에 앞장서며 한글 지킴이의 역할을 하였다.

* 1942년 10월 1일 '조선어 학회 사건이 발생하다' 참조

—

1920년 5월 1일

허영숙, 여의사 최초로 병원 개업

—

1895년에 태어난 허영숙은 진명소학교와 경성여고보를 거쳐 조선 최초의 여의사를 꿈꾸며 도쿄여자의학전문대학에 입학하였다. 그리고 1918년에 조선 총독부가 주관한 의사 시험에 합격하였다.

마침내 1920년 5월 1일, 허영숙은 서울 서대문 1가 9번지에 '영혜의 원'을 개업하였다. 이로써 허영숙은 최초의 여성 개업의가 되었다. 이후 영혜의원은 규모를 더욱 확장시켜 1925년에는 한성의원으로 이름을 바꾸었다.

한편 허영숙은 소설가 이광수의 두 번째 부인으로 그의 주치의이자 후견인 역할을 하였다. 1925년 그녀는 이광수가 「동아일보」의 학예 부장으로 일하다가 병으로 눕게 되자, 남편의 자리를 이어받아 신문사상 첫 여성 부장을 지내 당대 최고의 재원으로 손꼽히기도 했다.

1975년에 사망하였다.

—

1994년 5월 1일

근로자의 날, 35년 만에 날짜 변경

—

근로자의 날은 근로자의 노고를 위로하고 근무 의욕을 높이기 위해 제정된 휴일이다. 그래서 매년 5월 1일을 '메이데이May Day'라고 부르며 기념하고 있다.

우리나라에서는 그 명칭과 날짜가 몇 차례 변경되었다. 최초의 행사는 1923년 '조선 노동 총연맹'의 주도 아래 처음으로 시작되었다. 1958년부터는 대한노동조합총연맹의 창립일인 3월 10일을 '노동절'로 기념하였으며 1963년 4월 17일에 노동법 개정 과정에서 그 명칭을 '근로자의 날'로 변경하였다.

그리고 1994년에는 메이데이와 일치하도록 날짜를 5월 1일로 변경하고 기념행사를 열었다. 35년 만에 날짜가 변경된 것이었다.

근로자의 날은 1886년 5월 1일, 미국 시카고의 '노동조합연합회'를 중심으로 8시간 노동, 8시간 휴식, 8시간 교육을 요구했던 총파업을 시초로 본다. 미국과 캐나다에서는 9월 첫째 월요일을, 유럽 · 중국 · 러시아 등에서는 5월 1일을 기념하고 있다.

 * 1953년 5월 10일 「근로 기준법」 공포' 참조

5월의
모든 역사

5월 2일

■
.
.
■

2008년 5월 2일

미국산 쇠고기 수입 재개에 반대하여
촛불 집회가 열리다

존경하는 국민 여러분

지금 많은 국민들께서는 새 정부 국정 운영에 대해 걱정하고 계신 줄로 알고 있습니다. 쇠고기 수입으로 어려움을 겪을 축산 농가 지원 대책 마련에 열중하던 정부로서는 소위 '광우병 괴담'이 확산되는 데 대해 솔직히 당혹스러웠습니다.

무엇보다도 제가 심혈을 기울여 복원한 바로 그 청계 광장에 어린 학생들까지 나와 촛불 집회에 참여하는 것을 보고는 참으로 가슴이 아팠습니다.

정부가 국민들께 충분한 이해를 구하고 의견을 수렴하는 노력이 부족했습니다. 국민의 마음을 헤아리는 데 소홀했다는 지적도 겸허히 받아들입니다. 국민 여러분께 송구스럽게 생각합니다.

-이명박

비폭력 평화 시위를 상징하는 촛불 집회는 시각적인 효과가 크기 때문에 사람들의 이목을 집중시키는 장점이 있다.

우리나라에서는 2002년 6월에 미군 장갑차에 깔려 여중생 2명이 사망한 사고인 이른바 '효순이 · 미선이 사건'의 추모 집회 당시 한 시민 기자의 제안으로 촛불 집회가 시작되었다. 이후 다양한 명목으로 촛불 집회가 열렸다.

그중 2008년 5월 2일, 미국산 쇠고기 수입 재개 조치에 반발하여 시작된 촛불 집회가 가장 뜨겁게 타올랐다.

촛불 집회의 직접적 명분은 한미 FTA 협상이었다. 2008년 4월 19일, 한미 정상 회담을 하루 앞두고 쇠고기 2차 협상안이 타결되었다. 이 타결 안에는 '광우병 발병이 잦은 30개월 이상의 쇠고기 연령 제한 해제' 내용이 포함되어 있었다. 이 협상안이 타결된 직후 청소년에게 인기 있는 연예인들의 팬 사이트를 중심으로 광우병 쇠고기와 관련된 소문들이 돌기 시작하였다.

그 내용은 '광우병 쇠고기는 위험하며, 5월 2일에 집회가 있으니 모이라.'는 것이었다. 이렇게 시작된 촛불 집회는 학생과 시민 들의 모임으로 출발했다. 이들은 쇠고기 수입 재개 협상 내용에 대한 반대 의사를 표하며 거리로 나왔다. 첫 집회 때에는 여고생들을 중심으로 집회가 전개되었으나 차츰 대학생, 직장인, 가족 단위의 참여로 확대되었고 참여 인원도 최소 1만여 명에 이르렀다.

첫 집회 다음 날인 3일에도 서울을 포함하여 전국 각지에서 문화제 형태의 집회가 열렸다. 6일에는 청계 광장에 3,000여 명, 국회 앞에 8,000여 명이 모였다. 17일에는 청계 광장에 1만 명 이상이 모였으며 인기 가수를 비롯한 다수의 연예인도 촛불 집회에 합류하였다.

5월 31일에는 5만 명 이상의 시민이 시청 앞 광장에 모였으며 곧 촛불 집회는 가두시위로 확대되었다. 시위대는 크게 세 갈래로 나뉘어 청와대와 연결된 주요 길목으로 향했다. 청와대로 행진하는 와중에 일부 과격 시위의 모습이 나타나기도 하였으나 시민들의 자정 노력으로 진정되었다.

6월 5일부터 6월 8일까지는 서울 시청 앞 광장을 중심으로 72시간 동안 릴레이 시위가 시작되었다. 연휴 첫날인 6월 6일 현충일 시위에는 주최 측 추산 20여만 명으로 사상 최대 인원이 참가하였다. 6월 7일 밤에는 경찰과 시위대 사이에 충돌이 발생해 양측에서 수십 명의 부상자가 속출했다.

30일부터는 천주교정의구현전국사제단 주최로 서울 광장에서 시국 미사가 열렸다. 이후 촛불 시위는 대규모 집회에서 분산 집회로, 비폭력 시위로 복귀하였다. 촛불 집회는 7월까지 계속되었고 100일 이상 집회가 계속되면서 교육 문제, 공기업 민영화 반대 및 정권 퇴진 등으로 쟁점이 점차 확대되기도 하였다.

2008년의 촛불 시위는 비폭력을 표방하며 시작되었으나 시위가 계속되면서 경찰의 과잉 진압으로 인해 물리적인 충돌을 빚기도 했다. 그러나 정치권과 시민 간의 의사소통에 문제를 제기하였다는 점에서 긍정적인 평가를 받았다.

* 2002년 6월 13일 '미군 장갑차에 깔려 여중생 2명 사망' 참조

1921년 5월 2일

시인 조병화 출생

시인 조병화는 1921년 5월 2일, 경기도 안성군 양성면 난실리에서 5남 2녀 중 막내로 태어났다. 호는 편운片雲이다.

조병화는 1945년에 일본 도쿄 고등사범학교 물리화학과를 졸업하였다. 그는 한때 물리 교사를 지냈으나 1949년에 첫 시집 『버리고 싶은 유산』으로 등단한 이후에는 시작 활동에만 전념하였다. 그러나 자연 과학에 대한 애착도 강해 "다시 태어나면 자연 과학도의 꿈을 이루고 싶다."고 말하기도 했다.

조병화는 문학을 위하여 세계 각지를 여행하며 생애 총 53권의 창작 시집을 남겼다. 그중 25권의 시집은 국내에서뿐만 아니라 일본, 중국, 독일, 프랑스, 영국, 스페인 등 여러 나라에서 번역 출판되기도 했다. 시선집과 수필집까지 합치면 등단 후 50여 년간 160여 권에 이르는 작품을 발표하여 광복 이후 가장 많은 시집을 낸 시인으로 평가받고 있다.

1955년에 발표한 다섯 번째 시집 『사랑이 가기 전에』는 대중적으로 크게 성공을 거둬, 이후 국내 출판계에 시집의 베스트셀러 진입 전통을 세웠다.

조병화는 인간의 실존적 삶을 다룬 순수시만을 써 왔다. 그래서 격동기를 살아온 시인으로서 민족 문제나 역사성을 지나치게 외면했다는 비판을 받기도 하였다. 하지만 도시풍의 서정시로 자신만의 독특한 시 세계를 구축하여 폭넓은 독자들의 사랑을 받았다.

조병화는 아세아문학상, 한국시인협회상, 서울시문화상, 대한민국예
술원상, 대한민국금관문화훈장 등 여러 상과 감사패를 받았다. 그는 이
때 받았던 상금을 바탕으로 1991년에 편운문학상을 제정하여 총 37명
의 시인, 평론가 등에게 이 상을 수여하였다. 그 뒤에도 후배 문인들의
창작 활동을 지원하는 데 힘썼다. 2003년 3월 8일에 조병화가 사망한
뒤에도 유족들은 그의 유지를 받들어 이 사업을 계속 이어 가고 있다.

저서에는 『버리고 싶은 유산』 『먼지와 바람 사이』 『밤의 이야기』 『어
머니』 등의 시집과 수필집 『왜 사는가』 『나보다 더 외로운 사람에게』
등이 있다.

1958년 5월 2일

제4대 민의원 선거 실시

제4대 국회의원 선거를 앞둔 1958년 1월 여야의 선거법 개정안인
'협상 선거법'이 통과됨에 따라 민의원 의원 선거법과 참의원 의원 선
거법이 공포되었다.

협상 선거법은 다음의 내용을 골자로 하였다.

1. 민의원 선거구를 소선거구로 하고 전국의 선거구 수를 233개 구로 늘
리며, 참의원 선거구는 중선거구로 한다.
2. 각 선거 위원회는 여야 정당 대표의 동등 비례로 구성한다.
3. 입후보 기탁금제를 실시하여 후보 난립을 억제하며 유효 투표의 1/6을
득표하지 못한 후보자의 기탁금은 몰수한다.

4. 선거 운동과 선거 비용 등을 제한하는 선거 공영제를 채택한다.

5. 선거 도중 언론의 편파적 보도를 규제한다.

마침내 1958년 5월 2일, 제4대 민의원 선거가 실시됐다.

협상 선거법이 적용된 결과 자유당 126석, 민주당 79석, 무소속 27석, 통일당 1석으로 자유당과 민주당이 압도적 의석을 차지한 반면에 무소속과 군소 정당은 큰 타격을 입었다. 국회는 6월 7일에 개원하여 국회의장에 이기붕, 부의장에 이재학, 한희석을 선출하였다.

제4대 민의원 선거는 선거 공영제와 정당 참관인제 등 공명 선거를 위한 장치를 마련하였으나 곳곳에서 부정선거가 자행됐다.

그 결과 제4대 국회는 임기 4년을 채우지 못한 채 1960년에 해산되었다.

—

1972년 5월 2일

이후락 중앙정보부장, 극비리에 평양 방문

—

1972년 5월 2일, 이후락 중앙정보부장이 극비리에 평양을 방문하였다.

이후락은 제4공화국 초창기에 중앙정보부장을 지낸 박정희 정권의 대표적인 인물로 당시 박정희 대통령은 이후락을 평양에 보내 사상 처음으로 남북 비밀 회담을 개최하였다.

이후락은 3박 4일간 평양에 머무르며 김영주 노동당 조직지도부 부장과 2차례 회담을 가졌다. 이후락과 김영주는 각 3~5명으로 구성된 위원회를 구성하고 각각의 공동 위원장이 되어 남북 간에 다양한 교류와 협력을 추진하기로 합의하였다.

　한편 김영주와의 예정된 회담에 이어 북한의 주석인 김일성과의 만남도 갑작스럽게 이루어졌다. 이때 김일성은 처음으로 자주·평화·민족 대단결의 3대 원칙을 제시한 것으로 알려졌다. 또한 김일성은 이후락의 평양 방문 이후 5월 29일에는 박성철 부수상을 비밀리에 서울로 파견하였다.

　이후락과 박성철의 상호 방문은 남북한의 고위급 회담으로 이어졌고, 마침내 남북한은 역사적인 '7·4 남북 공동 성명'을 서울과 평양에서 동시에 발표하였다.

* 1972년 7월 4일 '7·4 남북 공동 성명을 발표하다' 참조

1977년 5월 2일

국내 최대의 불상,
'진천사곡리마애여래입상' 발견

　1977년 5월 2일, 단국대학교 학술조사단은 국내 최대最大의 불상인 진천사곡리마애여래입상鎭川沙谷里磨崖如來立像을 발견하였다.

　이 불상은 충청북도 진천군 이월면 사곡리 사지 마을 뒷산인 사자산(獅子山 : 속칭 굴암산)의 정상부에 새겨져 있으며 높이가 7.5m에 이른다. 통일 신라 시대인 9세기경의 불상으로 추정되며 진천 지역의 불상 중에서는 가장 조각 기법이 뛰어나다.

　불상의 얼굴은 단아한 스님의 모습을 하고 있으며 목에는 삼도三道가

뚜렷하다. 광배光背 모양과 도식적인 옷 주름 표현 등에서는 고려 시대 불상의 모습을 엿볼 수 있다.

이 불상은 현재까지 알려진 신라 마애불 중에서 가장 큰 것으로 추정되며 1982년 12월 충청북도 유형 문화재 제124호로 지정되었다.

5월의
모든 역사

5월 3일

—

1427년 5월 3일

박연, 12율관 제작에 성공하다

—

율관律管이란 음의 높이를 정하기 위하여 쓰던 원통형圓筒型의 관管을
뜻한다. 12율관은 각 음에 해당하는 12개의 대나무 또는 구리로 만
든 관을 사용했다.

아악雅樂의 12율律은 황종黃鐘에서 응종應鐘까지이다. 처음 12율의 기
본이 되는 황종의 음높이를 정하고 이 황종을 기준으로 나머지 11
율의 길이를 셈하여 관을 잘라 만들었다.

황종을 기준하여 12율관을 셈하는 데에는 주로 삼분손익법三分損益法
을 사용하였다.

조선은 이전의 어느 사회보다 유교의 지배력이 막강한 사회였다. 그렇기 때문에 조선 건국 후 예악禮樂의 정비가 이루어진 것은 매우 자연스러운 일이었다. 예악은 유교의 이상 정치를 실현하는 구체적인 방법이기 때문이다. 예禮는 국가나 개인의 행동에서 그 기본 지침을 제공하고, 악樂은 그 정신을 노래로서 찬양하는 것이다.

예악도 다른 많은 것들처럼 세종 대에 이르러 본래의 모습을 갖추게 되었다. 국가와 왕실에는 치러야 할 의식들이 많았고 거기에는 반드시 음악이 따라다녔다. 이 때문에 당연히 음악을 담당하는 기관이 설치되었고 음악을 정비할 수 있는 인물이 반드시 필요했다.

박연은 고구려의 왕산악, 신라의 우륵과 더불어 우리나라의 3대 악성으로 꼽히는 음악가이다. 박연은 음악에 몰두하느라 마흔이 되서야 문과에 급제하여 집현전 교리와 사헌부 지평 등 주로 언관과 학사로 일하였다.

1418년에 세종이 즉위하면서 박연은 악학별좌樂學別坐에 발탁되어 그간의 음악을 정비하는 중요한 임무를 맡게 되었다. 박연은 세종이 세자였던 시절에 세종의 시강원문학侍講院文學을 맡았는데 그때 세종은 박연의 음악적 재질을 눈여겨보았던 것이다.

세종의 지시로 음악의 정리라는 큰 임무를 맡게 된 박연은 오로지 음악과 관련된 일에만 매달렸다. 앉으나 서나 늘 두 손으로 악기를 다루는 시늉을 내거나 흥얼거리며 음을 고를 정도였다.

그러나 음악을 정리하는 작업은 만만치 않았다. 고려에서 조선으로 나라가 바뀌면서 많은 자료들이 사라졌기 때문이었다. 박연은 먼저 우리 음악인 향악과 신라 때 전해진 중국의 속악인 당악唐樂 등에 관한 문헌과 이리저리 흩어진 악기들을 모으는 데 집중하였다. 그리고 박연은 편경의 음정을 맞출 정확한 율관을 제작하는 것이 급선무라고 생각하였다.

세종 7년(1425)에 경기도 남양에서 경석醫石이 발견되고 해주에서는 기장이 발견되었는데 이는 우리의 음악사에 큰 획을 긋는 사건이었다. 왜냐하면 기장은 곡식의 알갱이를 뜻하는 것으로 올바른 율관 제작을 위한 필수품이었고, 경석은 편경을 제작하는 데 필요한 재료였기 때문이다.

박연은 해주에서 얻은 큰 기장을 바탕으로 중국 편경의 황종을 표준으로 삼았다. 이제 이것을 바탕으로 편경을 만들면 되었다. 고려 시대에는 경석을 기와로 만들어 그 소리가 둔탁했는데 박연은 그것을 돌로 바꾸면 맑은 소리를 낼 것으로 판단하였다. 전국을 돌아다니며 직접 망치로 돌을 두드리는 노력 끝에 박연은 남양에서 맑은 소리를 가진 경석을 찾아냈다.

1427년 5월 3일, 박연은 이 경석을 이용하여 12율관律營에 맞춘 석경石磬 한 틀을 완성하였다. 중국의 음을 그대로 빌려왔던 궁중 음악이 처음으로 우리 손으로 제작된 율관에 맞추어 조율된 것이다. 우리 땅에서 생산된 재료로 석경이 만들어졌다는 사실도 주목할 만한 일이었다.

박연이 새로 만든 석경을 궁중에 들여와 그 소리를 들려주자, 가만히 듣고 있던 세종이 갑자기 이렇게 물었다.

"중국의 편경은 음률이 잘 맞지 않으나 새로 만든 이 석경은 소리가 옳게 되어 맑고 아름답다. 경석을 얻은 것도 다행한 일이지만 박연이 음을 조율한 것이 참으로 훌륭하다. 다만 이칙(12율 가운데 9번째 소리) 하나만 소리가 좀 높으니 어이된 일인가?"

이에 박연이 경석을 세밀히 살펴보니 돌을 갈기 위해 표시해 놓았던 먹줄 자국이 그대로 남아 있던 게 아닌가. 이는 세종이 음악에 대한 조예가 얼마나 깊었는지 잘 보여 주는 대목이다. 박연이 깜짝 놀라 다시 먹줄을 갈아 내자 비로소 소리가 맞았다.

세종은 박연에 대한 신뢰와 사랑이 대단히 깊었다. 그 때문인지 박연은 몸을 사리지 않고 음악 정리에 온 힘을 쏟아 여러 차례 병석에 앓아눕기도 했다. 하지만 음악 개혁에 대한 그의 의지는 꺾이지 않고 마침내 1431년에는 아악을 정리하였다.

* 1458년 3월 23일 '조선의 악성 박연이 사망하다' 참조

—

1281년 5월 3일

고려군과 원나라 연합군, 제2차 일본 정벌

—

원元나라의 일본 원정은 두 차례에 걸쳐 이루어졌다. 1274년에 원나라의 세조는 일본이 조공 바치기를 거부하자 고려와 연합군을 조직하여 제1차 일본 정벌을 감행하였다. 그러나 일본군의 강력한 저항과 강력한 태풍이 불어온 탓에 많은 군사를 잃고 철수할 수밖에 없었다.

절치부심하던 원나라는 1281년 5월 3일, 고려군과 함께 제2차 일본 정벌에 나섰다.

고려군의 도원수 김방경과 홀돈이 지휘하는 4만여 명의 군사는 900척의 함선을 이끌고 기타큐슈의 하카타 만을 공격하였다. 범문호 휘하의 원나라 군사 10만 명을 태운 3,500척의 함대도 가세하여 다자이후를

공격하였다. 해전에 강한 고려군은 맹활약했으나 가마쿠라 막부鎌倉幕府의 완강한 저항에 부딪혔다. 게다가 태풍과 전염병이라는 복병을 만나 막대한 손실을 입고 철수하고 말았다.

고려는 제1, 2차 일본 원정을 위해 많은 함선을 건조하고 군량을 조달하는 등 두 차례에 걸친 일본 정벌로 국력이 급격하게 쇠퇴하였다. 원나라는 내부 반란과 세조의 죽음으로 더 이상의 일본 정벌에 나서지 않았다.

이 전쟁을 끝으로 일본은 가마쿠라 막부 정권이 쇠퇴하고 남북조 시대로 넘어갔다.

1919년 5월 3일

신흥강습소, 신흥무관학교로 변경

1911년 이동녕, 이회영 등은 신민회의 '신新'자와 다시 일어난다는 의미의 '흥興'자를 붙여 신흥강습소를 설립하였다. 이들은 일제의 눈을 피하기 위해 강습소로 위장 설립하였지만, 본래는 독립군을 양성하기 위한 군사 학교였다.

1919년 5월 3일, 신흥강습소는 신흥무관학교로 이름을 변경하였다. 그리고 하사관반 3개월, 특별 훈련반 1개월, 장교반 6개월의 교육 과정을 두어 2,100여 명의 독립군을 양성하였다. 이곳을 거쳐 간 이들은 청산리 전투를 비롯한 항일 독립 전선에서 활발하게 활동하였다.

그러나 신흥무관학교는 일제의 탄압으로 1920년에 폐교되었다.

1986년 5월 3일

5 · 3 인천 사태 발생

1986년 2월부터 신한민주당은 재야의 큰 호응 속에서 서울을 비롯하여 부산, 대구, 대전 등지에서 직선제 개헌을 위한 1,000만 명 서명 운동을 전개하였다.

그러나 4월 29일에 당고문인 김대중 민추협 공동의장이 소수의 과격한 주장을 지지할 수 없다는 뜻을 밝혔다. 이어 다음 날에는 이민우 신한민주당 총재가 좌익 학생들을 단호하게 다스려야 한다는 발언을 하였다. 이 같은 의사 표현에 재야 세력을 비롯한 운동권은 분개하였다.

1986년 5월 3일, 이들은 신한민주당 결성 대회가 열릴 예정이던 인천시민회관에서 이원집정二元執政 개헌 반대, 국민헌법제정과 헌법제정 민중회의 소집을 요구하며 시위를 벌였다. 이른바 5 · 3 인천 사태였다. 이들은 화염병과 돌을 던지는 등 산발적인 시위를 벌이며 경찰과 충돌하였다. 그 결과 신한민주당 지도부가 대회장으로 입장하지도 못한 채 대회가 무산되었다.

이 사건으로 319명이 연행되고 129명이 구속되었다. 이후 전두환 정권의 운동권 탄압이 본격화되었다.

2004년 5월 3일

유한일 서울대학교 교수,
국내 과학자 최초로 훔볼트 연구상 수상

2004년 5월 3일, 유한일 서울대학교 재료공학부 교수가 세계적 권위의 훔볼트 연구상Humboldt Research Award 수상자로 선정됐다.

훔볼트 연구상은 독일 알렉산더 폰 훔볼트 재단이 매년 인문·자연과학·공학 분야에서 국제적으로 뛰어난 연구 업적을 인정받은 학자에게 수여하는 세계적인 상으로 국내 과학자로는 처음이었다.

유한일 교수는 1974년에 서울대학교 재료공학과를 졸업하고 1984년에 매사추세츠 공과대학MIT에서 공학 박사 학위를 받았다. 유 교수는 "새로운 나노의 발견을 통해 연료 전지Fuel Cell에 들어가는 전극 또는 전해질 소재 입자를 나노 사이즈로 작게 만드는 분야를 개척한 공로를 인정받았다."고 수상 소감을 밝혔다.

이 연구는 세계적인 학술지인 「네이처Nature」에도 소개되었다. 이로써 유 교수는 '나노 이온 공학'이라는 새로운 학문 분야를 개척한 공로를 인정받게 되었다.

유 교수는 현재 자동차, 휴대전화 등의 차세대 에너지원으로 각광받고 있는 고체 산화물 연료 전지 및 수소 발생 장치 등에 관한 연구도 진행하고 있다.

5월의
모든 역사

5월 4일

■
·
■

1982년 5월 4일

이철희 · 장영자 부부,
초대형 어음 사기 사건으로 구속되다

"과거 10년간 증권 투자 경험에서 한 번도 실패한 적이 없기 때문
에 충분히 성공할 수 있을 것으로 생각했습니다. 주식 투자의 실패
와 성공 가능성은 50대 50입니다. 이것은 충분한 확률입니다."

-1982년 7월 7일, 1심 첫 공판

1982년 5월 4일, 이철희 · 장영자 부부가 검찰에 구속되었다. 우리나라 금융 거래상 최대의 사기 사건으로 손꼽히는 이른바 '이철희 · 장영자 사건'이 터진 것이다.

이 사건은 1982년 4월 말, 건설업체인 공영토건 등에 대한 부도 소문이 나돌면서 수면 위로 드러났다.

천문학적 금액의 거대한 사기 사건을 주도한 사람은 사채 시장의 '큰손' 장영자였다. 전두환의 처삼촌 이규광의 처제였던 장영자는 숙명여자대학교 재학 시절 메이퀸으로 꼽힐 정도로 뛰어난 미모를 자랑했다.

그녀는 대학 시절 첫 번째 결혼에 실패하였고 이후 두 차례 이혼하였다. 그리고 1979년 당시 중앙정보부 차장을 지낸 이철희를 만나 결혼하였다. 그녀는 두 차례의 이혼 과정에서 받은 위자료 5억 원 가량의 돈으로 부동산, 증권 등에 투자하면서 이름을 드러냈다.

제5공화국의 출범과 함께 정치 권력을 등에 업은 장영자는 남편 이철희를 내세웠다. 그녀는 고위층과의 친분을 과시하면서 자금 지원의 대가로 지원금의 몇 배에 달하는 어음을 받아 사채 시장에 유통하는 초대형 사기 행각을 계획했다.

이철희 · 장영자 부부는 은행의 무담보 대출의 허점을 이용하여 자금난을 겪고 있었던 몇몇 건설업체에 거금을 대여해 주기로 하였다. 이들은 자금 지원의 대가로 대여금 상당액의 어음과 견질見質어음을 받아 사채 시장에 팔거나 주식에 투자하였다.

이런 방식으로 1981년 2월부터 1982년 4월까지 총 6,400억 원에 달하는 거액의 어음을 시중에 유통시키고 그중 1,400억 원을 가로챘다. 특히 장영자는 어음 사기 과정에서 일부 은행장들을 끌어들여 관련 기업에 부당 대출을 해주도록 압력을 가했다. 그 결과 공영토건, 일신제

강 등 어음을 발행한 기업들이 도산하였다.

이철희 · 장영자 사건으로 인해 은행장 2명을 비롯하여 기업체 간부, 전직 기관원, 대통령의 처삼촌에 이르기까지 다양한 분야의 사람들이 구속되었다.

이 사건으로 정치 · 경제는 물론 사회 전반에 후폭풍이 거세게 일었다. 부부는 외국환관리법위반, 사기 등으로 구속되어 법정 최고형인 징역 15년과 1억 6,000여만 원의 추징금이 선고되었다. 또한 은행장, 기업인 등 모두 31명의 피고인이 법정에 올랐으며 그중 11명이 실형을 선고받았다.

그 후 이철희가 먼저 가석방된 뒤, 장영자 역시 풀려났다. 그러나 장영자는 1994년에 또다시 100억 원대의 어음 사기 사건으로 구속되었고, 2001년 5월에도 220억 원대의 구권 화폐 사기 행각을 벌여 또다시 구속되었다.

이 사건이 발생한 직후 기업의 금융 거래는 물론 사채 거래 시장이 급속도로 위축되었다. 또한 이 사건과 직접적인 관련이 없는 많은 상장 기업의 주가까지 하락하는 등 금융 시장 전반에 악영향을 미쳤다.

특히 이 사건으로 우리나라에 처음으로 금융실명제 도입의 필요성이 대두되었다. 이에 정부는 1983년 7월 1일 이후 예금, 주식, 국공채, 회사채 등의 모든 금융 거래를 실명제로 하는 방침을 발표하였으나 부작용을 우려하여 실시가 유보되었다.

그러나 김영삼 정부가 들어선 이후 1993년 8월 12일에 대통령 긴급 명령 형식으로 금융 실명제가 전격 실시되었다.

1899년 5월 4일

우리나라 최초의 전차 개통식 거행

1899년 5월 4일 오후 3시, 우리나라 최초의 전차 개통식이 동대문東大門에서 거행되었다.

이날 고관대작과 각국의 사신을 태우고 화려하게 장식된 8대의 전차가 동대문에서 흥화문 사이를 달렸다. 시속 8km로 운행된 이

전차 개통식

전차는 근대 대중교통 혁명의 시작을 알리는 신호탄으로 5월 20일부터 일반 승객을 태우고 상업 운전을 개시하였다.

전차는 오전 8시부터 오후 6시까지 운행하였으며 정거장은 따로 없었다. 전차에는 운전수와 차장이 타고 있었고 '땡땡' 소리를 내면 손을 들어서 탔다. 전차가 개통되자 사람들의 인기는 대단했다. 하루 종일 전차에서 내리지 않는 사람도 있을 정도였다.

그러나 1899년 5월 26일 파고다 공원 앞에서 어린이 한 명이 전차에 치여 죽는 사고가 일어났다. 이 사고를 계기로 사람들은 폭동을 일으켰고 이후 3개월간 전차의 운행이 중단되기도 했다.

우리나라의 전기 · 전차 사업은 조선 황실에서 출자하여 세운 한성전기회사에서 비롯되었다.

고종 황제는 1895년에 명성황후의 장례를 치르고 난 뒤 홍릉에 자주 행차하였다. 이때 가마를 탄 많은 신하들이 고종의 뒤를 따랐는데

한 번에 드는 행차 비용이 10만 원이나 되었다. 이때 미국인 콜브란과
보스윅은 고종 황제에게 전차를 부설하면 홍릉 행차 비용을 줄일 수 있
고 평소에는 일반인들이 유용하게 이용할 수 있다고 설득하였다. 이에
조선 황실에서 75만 원을 출자하여 한성전기회사를 설립하고 콜브란
과 보스윅이 서울의 전차, 전등, 전화 가설과 그 운영에 관한 특허권을
얻어 한미 합작 전기 · 전차 사업이 이루어졌다.

그러나 한성전기회사는 사업 운영이나 계약 체결에 미숙하여 1909
년에 콜브란이 일본인 회사에 넘김으로써 경영권을 잃었다.

—

1951년 5월 4일

전시연합대학 설치

—

전시연합대학戰時聯合大學은 한국전쟁 당시 발족한 대학을 말한다. 당시
백낙준 문교부 장관이 제안한 것으로 세계 교육 역사상 전례가 없는 일
이었다. 그는 "전쟁 중이라고 해서 교육을 중단할 수는 없다."라며 굳은
의지를 밝혔다.

전시연합대학은 1951년 5월 4일에 정부가 「대학 교육에 관한 전시 특
별조치령」을 발표함으로써 비로소 법적인 근거가 마련됐다.

이 법령의 요지는 전화戰禍로 인해 정상 수업이 불가능한 대학생은 타
대학에서 수업을 받을 수 있고, 정상 수업이 가능한 대학은 그 학교 사
정이 허락하는 한 그 학교 소재지로 옮겨온 타 대학 학생의 취학을 허
락해야 한다는 것이었다.

이에 따라 임시 수도인 부산을 비롯하여 대구와 광주, 대전과 제주

등에 전시연합대학이 설치되었다. 그 뒤 가교사를 짓고 점차 자리를 잡
았으나 전세가 안정됨에 따라 이듬해 5월 31일 해체되었다.

전시연합대학은 이후 지방 국립 대학을 발전시키는 밑바탕이 되었다.

1968년 5월 4일

세종의 좌상, 덕수궁에 건립

1968년 5월 4일, 덕수궁에 조선의 제4대 왕 세종(世宗 : 1397~1450)
의 좌상坐像이 건립되었다.

이 좌상은 세종의 업적을 기리기 위해 애국선열 조상건립위원회와
서울신문사가 공동으로 건립하였다. 세종은 재위 32년 동안 집현전을
두어 학문을 장려하고, 훈민정음을 창제하였으며, 측우기 · 해시계 · 물
시계 등의 여러 과학 기구를 만들어 백성들을 편하게 하였다. 또한 밖
으로는 6진鎭을 개척하여 국토를 확장하는 등 조선 왕조의 기틀을 튼튼
히 하였다.

세종의 좌상 제작은 조각가 김경승이 맡았다. 오른손으로는 훈민정
음을 선포하는 자세를 취하였고 왼손에는 훈민정음 책자가 들려 있다.
좌대座臺는 석재石材로 하였고 좌대 앞면에는 훈민정음 28자, 뒷면에는
'세종대왕 찬사'가 서예가 김충현의 글씨로 음각되었다.

5월의
모든 역사

5월 5일

■
·
■

1979년 5월 5일

가톨릭 농민회 회원, 오원춘이 납치되다

오원춘이 활동한 가톨릭 농민회는 농민의 권익을 옹호하고 농촌 사회의 복음화와 인류 공동체 발전에 기여함을 목적으로 결성된 가톨릭 농민 운동 단체이다.

가톨릭 농민회는 당시 유일한 농민 운동 단체로서 농촌의 민주화와 협동화를 위해 각종 교육 활동과 조사 활동, 홍보 활동에 주력하였다.

1970년대 중반부터는 농협 민주화 투쟁, 농민 운동 탄압 저지 투쟁 등의 생존권 투쟁을 조직적이고 지속적으로 전개하였다.

1970년대 중반부터 정부는 농업 생산량 증대를 위해 신품종 강제 경작을 추진하였다. 이런 정부의 방침에 따라 농민들은 영양군과 농협에서 알선한 감자씨 '시마바라'를 심었다. 그러나 감자의 싹이 나지 않아 농민들은 감자 농사를 망치고 말았다.

그러자 가톨릭 농민회는 그동안 정부의 획일적인 영농 행정에 대응해 왔던 피해 농민들을 돕기 시작했다. 그중 가톨릭 농민회 회원이었던 오원춘이 1978년 10월 '청기면 감자피해보상대책위원회'를 구성했다. 그는 안동교구 사제들, 가톨릭 농민회와 함께 피해 상황 조사에 나서 진상 조사를 마친 후 당국을 상대로 피해 보상을 요구하였다. 이들은 온갖 공갈과 협박, 회유에도 굴하지 않고 싸웠다.

1979년 봄, 마침내 농민들은 감자 농사 피해액 전액을 보상받을 수있게 되었다. 이것은 가톨릭 농민회 회원들의 끈질긴 활동과 안동교구 사제단의 지원이 있었기 때문이었다.

1979년 5월 5일, 이러한 활동에 앞장섰던 오원춘이 영양 버스정류장에서 갑자기 행방불명되었다. 20일 만에 집으로 돌아온 오원춘은 영양 천주교회 정희욱 신부에게 자신이 기관원에게 납치되어 감금당했었다고 밝혔다.

오원춘이 이 같은 사실을 밝히자 천주교 안동교구는 「짓밟히는 농민운동」이라는 제목의 유인물을 만들어 배포하였다. 이를 천주교정의구현전국사제단에 전달하고 7월 17일에 전국에 폭로함으로써 이 사건은 더욱 확대되었다.

가톨릭교회를 중심으로 사건이 점차 확대되자 7월 21일에는 경찰이 오원춘에게 허위 자백을 강요하였고, 25일에는 교구청과 성당을 포위하고 안동교구 가톨릭 농민회장 권종대와 총무 정재돈, 신부 정호경을 연행하였다.

당국은 사실을 축소시키기 위해 오원춘을 비롯한 안동교구 가톨릭 농민회 간부와 신부를 긴급조치 9호 위반으로 구속하였다. 이 같은 정부의 조치 이후 전국 각지에서는 가톨릭을 중심으로 유신 헌법 철폐와 종교 탄압 중지를 요구하는 기도회와 단식기도, 가두 촛불 시위가 열렸다.

8월 6일에는 김수환 추기경을 비롯한 120여 명의 사제와 600여 명의 가톨릭 농민회 회원들이 안동시 목성동 성당에 모여 기도회를 열었다. 이들은 「순교자 찬가」를 부르며 성당에서 나와 안동시청 분수대까지 가두시위를 벌였다. 기도회는 인천, 광주, 수원, 전주, 마산 등 전국으로 확산되었다.

8월 20일에는 1만여 명이 명동성당에 모인 가운데 전국 최대의 기도회가 열렸다. 전국 14개 교구 700여 명의 사제들이 참석하는 등 군부 독재 정권과 가톨릭교회의 대결은 더욱 팽팽하게 맞섰다.

이 사건은 진행 과정에서 정부와 언론에 의해 많은 사실이 왜곡되었고, 오원춘은 긴급조치 위반죄로 징역 2년형을 선고 받았다. 하지만 12월 8일에 긴급조치가 해제되면서 석방되었다.

한편 이 사건은 가발 수출업체인 와이에이치 무역 여성 노동자들이 회사의 폐업조치에 항의하여 농성 시위를 벌인 이른바 YH 사건, 부마 민중 항쟁, 10 · 26 사태로 이어져 박정희 정권의 종말에 큰 영향을 미쳤다.

또한 처음에는 농민 운동 차원에서 시작되었으나 점차 유신 독재에 반대하는 민주화 투쟁으로 발전함으로써 농민 운동의 한 단계 도약을 가져온 계기가 되었다.

* 1979년 8월 11일 '경찰, YH 무역 농성 여공 172명 강제 해산' 참조
* 1979년 10월 16일 '부마 민주 항쟁 발생' 참조
* 1979년 10월 26일 '박정희 대통령, 중앙정보부장 김재규에게 피살되다' 참조

1957년 5월 5일

「어린이 헌장」 선포

"어린이는 나라와 겨레의 앞날을 이어 나갈 새사람이므로 그들의 몸과 마음을 귀히 여겨 옳고 아름답고 씩씩하게 자라도록 힘써야 한다."

-「어린이 헌장」 전문

1957년 5월 5일, 아동의 복지 증진을 위하여 국가 · 사회 · 가정이 책임져야 할 기본적인 요건을 조문화한 「어린이 헌장」이 선포되었다.

「어린이 헌장」은 1957년 2월에 한국동화작가협회의 마해송, 강소천, 이종항 등이 발표한 것을 보건사회부(현 보건복지부)가 전문가들의 심의 · 보완을 거쳐 제35회 어린이날을 기하여 발표한 것이다.

이 헌장은 전문 및 본문 9개항으로 제정되었으나 1988년에 제66회 어린이날을 맞아 전문과 11개항으로 개정되어 새로이 발표되었다.

개정된 「어린이 헌장」은 민주 사회 시민으로서의 어린이상을 더욱 구체화하였다.

1956년 5월 5일

신익희 민주당 대통령 후보 급서

신익희는 한국의 독립운동가이자 정치인이다. 그는 1894년 6월 9일 경기도 광주에서 태어났다. 일제 강점기 시절 항일 독립운동에 헌신하였으며 3·1 운동 이후 상하이로 망명하여 임시정부 수립에 참여하였다. 또한 내무총장, 국무원 비서장, 법무총장 등을 두루 역임하면서 독립운동을 전개하였다.

그는 광복 후인 1945년 12월 1일 임시정부 내무부장 자격으로 국내에 돌아온 뒤 제헌 국회 의원에 당선되어 부의장이 되었다.

1955년에는 민주당 대표 최고 위원이 되어 제3대 대통령 후보로 출마하였다. 그는 '못 살겠다 갈아보자!'는 구호로 선거 운동에 나서 이승만 독재 정권에 염증을 느낀 국민들로부터 대단한 지지를 받았다.

그러나 1956년 5월 5일, 호남 선거 유세를 위해 전주로 이동하던 중 열차 안에서 뇌일혈로 사망하였다. 자유당의 이승만 후보와 무소속의 조봉암 후보를 이기기 위하여 막바지 선거 유세를 하던 중이었다.

신익희가 죽고 열흘 후에 치러진 대통령 선거에서 이승만 후보가 대통령에 당선되었다. 그러나 국민들은 185만 표 이상의 무효표를 던짐으로써 그의 죽음을 아쉬워했다. 서울에서는 이승만 지지표보다 훨씬 많은 무효표가 집계되었을 정도였다.

1905년 5월 5일

보성전문학교 개교

1905년 5월 5일, 구한말의 정치가 이용익(李容翊 : 1854~1907)이 고종 황제에게 '보성普成'이라는 교명을 하사받아 최초의 근대적 고등 교육기관인 보성전문학교를 세웠다.

'교육 구국'의 신념으로 세워진 보성전문학교는 이용익의 사재 기부 외에도 근대적 학교 건립에 뜻을 둔 고종의 재정적 지원을 바탕으로 설립되었다.

보성전문학교는 오늘날의 법학과에 해당하는 법률학 전문과와 오늘날의 경영학과 또는 경제학과에 해당하는 이재학 전문과로 조직하여 수업을 시작하였다.

그러나 1906년 12월부터 일제가 보성전문학교를 관립학교로 만들기 위해 학교 관계자들에게 협박을 가하기 시작했다. 게다가 설립자 이용익이 사망하자 학교는 경영난에 빠지고 말았다.

1910년 12월에 천도교 제3대 대도주大道主 손병희가 학교를 인수하여 위기를 넘겼으나 3·1 운동 직후 손병희가 피검되어 다시 고비를 맞았다.

그 후 1922년 조선 교육령에 따라 전문학교로 정식 인가되었다가 1946년에 종합 대학으로 승격하여 교명을 고려대학교로 개칭하였다.

2004년 5월 5일

산악인 엄홍길,
히말라야 8,000m급 15좌 정복 성공

히말라야에는 해발 8,000m가 넘는 산이 15곳 있는데 산악인들은 이 곳을 히말라야 15좌라고 부른다. 해발 8,000m 이상은 인간으로서 정신적, 체력적인 한계에 도달하는 지점이기 때문에 산악인들에게 '죽음의 지대'로 불린다.

엄홍길은 1988년에 8,848m 높이의 에베레스트 등정에 성공한 이래 2000년 8월에는 한국인으로는 처음으로 히말라야 14좌 정복에 성공하였다. 이어 한국외국어대학교 개교 50주년 및 산악부 창립 40주년을 맞아 엄홍길은 15좌 정복을 계획하였다. 2004년 3월 28일에 첫 등반을 시작하여 4월 28일에 1차 정상 정복에 나섰으나 심한 바람과 눈보라 등으로 실패하였다.

2004년 5월 5일, 두 번의 도전 끝에 '한국 얄룽캉 원정대'의 등반 대장 엄홍길은 해발 8,505m의 히말라야 정상을 정복하였다.

이로써 그는 세계 최초로 히말라야 8,000m급 15좌를 정복하는 쾌거를 이룩하였다.

5월의
모든 역사

5월 6일

■
⋮
■

1984년 5월 6일

교황 요한 바오로 2세,
한국 순교 복자 103위를 성인으로 시성하다

가톨릭 박해는 크게 '4대 박해'로 손꼽을 수 있다. 신유박해, 기해박
해, 병오박해, 병인박해가 그것이다.

이 가운데 우리나라 최대의 천주교 박해 사건인 병인박해와 신유
박해는 그 규모가 가장 크고 신자들의 희생도 컸다.

특히 병오박해는 최초의 한국인 사제였던 김대건 신부의 체포와
순교로 그 파장이 매우 컸다.

천주교백삼위성인天主教百三位聖人, 이것은 한국 천주교회 103명의 성인을 총칭하는 용어이다.

1984년 5월 6일, 한국 천주교회 200주년 기념으로 우리나라에 방한한 교황 요한 바오로 2세가 여의도 광장에서 한국 순교복자 103위 시성식諡聖式을 거행하였다. 비로소 한국의 순교 복자 103명이 복자福者에서 성인聖人의 품위에 오르게 된 것이다.

그해 7월 2일에는 한국 천주교 주교단이 전례 위원회 공문을 통하여 한국 성인의 공경에 대한 지침을 발표하였다. 1985년 3월 12일에는 교황이 한국 순교 성인 축일을 세계 공용 로마 축일표에 수록하고 기념하도록 선포하였다.

천주교회에서 성인 반열班列에 오르려면 그 절차가 매우 까다롭다. 우선 복자가 된 다음에는 초자연적인 기적을 두 번 이상 행해야 하고 그런 일을 교황청에 보고하여 심사받아야 한다.

그러나 한국의 순교 복자들의 경우에는 이 같은 사실을 증명할 자료를 구하기 힘들었다. 그럼에도 불구하고 한국 천주교 주교단은 1983년 3월에 '기적심사관면청원서'를 교황청에 제출하였다. 그리고 교황청은 한국 천주교회의 역사성을 감안하여 한국 순교 복자들의 시성을 승인하였다.

교황청이 이 같은 결정을 내린 것은 한국 천주교회가 평신도 중심의 자생적 교회라는 점을 높이 평가했기 때문이다. 로마 이외의 지역에서 시성식을 행한 것도 전례가 없는 일이었다. 이로써 한국 천주교회는 프랑스, 이탈리아, 에스파냐에 버금가는 성인 교회로 발돋움하는 계기가 되었다.

103위 성인의 명단에는 한국인 93명(신부 1명, 평신도 92명)과 파리외

방전교회소속 선교사 10명(주교 3명, 신부 7명)이 포함되어 있다. 이들의
신분과 직업은 양반, 중인, 상민 등으로 매우 다양했다.

시성식이 행해지면 천주교회의 성인 명부에 이름이 기록되고 그 축
일祝日이 제정되며 그를 기념하는 성무일도(聖務日禱 : 성직자 기도서)와
미사 경문이 작성된다. 또한 그들의 생애나 업적에 관한 성화가 기록되
어 모든 신자들로부터 공식적으로 공경을 받게 된다.

한국의 초기 천주교회의 역사는 곧 순교사라고 할 수 있을 정도로 가
혹한 박해를 받았고, 이에 따라 많은 순교자가 발생했다. 천주교회는
병자호란 이후 청나라에 인질로 끌려갔던 소현 세자가 천주교 서적을
가지고 들어옴으로써 조선 왕조에 처음 전래되었다.

그 후 천주교 신앙을 실천해 보려는 움직임이 시작되었는데 그 중심
에 홍유한이 있었다. 천주교 서적을 읽고 감동한 홍유한은 천주교 교리
서에 나타나 있는 대로 날짜를 7일씩 계산하여 일곱째 날을 주일로 삼
아 기도에 전념하는 등 책을 통해 터득한 천주교 신앙을 혼자서 실천해
나갔다. 주로 남인 계통에 속하는 이벽, 정약전, 권철신 등을 중심으로
천주교 교리에 대한 연구도 시작되었다.

1777년에는 이벽과 정약전 등이 경기도 광주에 있는 천장암 주어사
走魚寺에 모여 정기적으로 유교 경전을 강학講學하였다. 이때 「천주실의」
와 「칠극」 등의 가톨릭 서적들도 함께 읽었는데 그 가운데 몇몇은 천주
교 서적에서 인생에 대한 해답을 얻고자 하였다. 이것을 구체적으로 실
천하고자 했던 대표적 인물은 이벽이었다. 마침 이벽의 동료 이승훈이
부연사赴燕使 일원으로 중국 베이징에 가게 되자 이벽은 이승훈에게 천
주교 교리를 배우고 천주교 서적을 구입해 올 것을 부탁하였다.

이승훈은 북경에서 베드로라는 세례명으로 세례를 받은 후 1784년

봄에 귀국하였다. 그리고 이들은 본격적으로 천주교 신앙을 전파하였으며 그해 9월, 이승훈은 이벽에게 세례를 주었다. 이는 한국 천주교회 창설의 출발점이 되었다. 이렇게 출발한 한국 천주교회는 창설 직후부터 탄압에 직면하게 되었다

천주교는 당시 유교를 근본 이념으로 삼고 있었던 조선 왕조와는 근본적으로 대립적인 성격을 띠고 있었다. 특히 보편성을 요구하는 천주교의 근대적 평등사상은 충효를 숭상하던 가부장적 봉건 윤리와 충돌할 수밖에 없었다. 이 같은 우려는 곧 현실로 나타났다.

1789년에 베이징에서 견진 성사(堅振聖事 : 천주교회의 7성事 중 세례 성사 다음에 받는 의식)를 받고 귀국한 윤지충이 모친상을 당하자 천주교 교리에 따라 제사를 폐하고 신주神主를 불살랐다. 이때 윤지충은 『주자가례朱子家禮』를 어긴 죄목으로 신해박해 때 처형당했다. 이를 시작으로 박해는 본격화되었다.

천주교의 박해가 얼마나 심했는지는 지명을 통해서도 확인할 수 있다. 서울 합정동에 있는 절두산 성지는 박해 당시 사람들의 머리를 너무 많이 잘랐기 때문에 '절두산'이라고 하였다.

한국의 천주교 박해는 1804년 신유박해, 1839년 기해박해, 1846년 병오박해, 1866년 병인박해 등 4대 박해를 비롯하여 1910년 제주도 박해에 이르기까지 크고 작은 박해가 계속되었다.

* 1866년 3월 3일 '프랑스인 신부 안토니오 다블뤼 순교' 참조
* 1866년 3월 8일 '천주교 탄압령으로 프랑스 신부 베르뇌가 순교하다' 참조

1963년 5월 6일

아동 문학가 강소천 별세

하늘 향해 두 팔 벌린 나무들같이,

무럭무럭 자라나는 나무들 같이,

너도 나도 씩씩하게 어서 자라서,

새 나라의 기둥 되자. 우리 어린이.

-「어린이 노래」

평생을 아동문학의 진흥을 위해 혼신을 기울였던 아동 문학가 강소천이 1963년 5월 6일에 별세하였다.

강소천은 1915년 함경남도 고원에서 태어나 1937년에 함흥 영생고등보통학교를 졸업하고 청진중학교에서 교사를 지냈다. 1·4 후퇴 때 월남한 이후 1951년에는 문교부 편수국에서 교과서를 만들며 아동 교육에 관심을 보였다. 그는 1936년에 동시 「닭」을 발표하여 문단에 이름을 알렸으며, 1939년에는 동화 「돌멩이」를 발표하면서 본격적으로 아동 문학가로 들어섰다.

1957년 5월 5일, 어린이날에 아동문학가협회 이름으로 발표한 「어린이헌장」은 어린이 사랑의 결실이었다. 1959년부터 작고 전까지는 연세대학교와 이화여자대학교 등에서 아동문학을 강의하였다.

그가 사망한 후 1965년에 그의 업적을 기리기 위해 '소천아동문학상'이 제정되었고 이후 매년 우수작을 선정하여 어린이날에 시상하고 있다.

대표작으로 동화 「전등불이야기」 「마늘먹기」 「딱다구리」 「전등불이야기」 「토끼 삼형제」, 동화집 『꽃신』 『꿈을 찍는 사진관』, 동요 시집 『호박꽃 초롱』 등이 있다.

* 1957년 5월 5일 '「어린이 헌장」 선포' 참조

—
1981년 5월 6일

공정거래위원회 발족
—

1981년 5월 6일, 공정거래위원회公正去來委員會가 발족되었다.

공정거래위원회는 '독점 규제 및 공정 거래에 관한 법률'에 의하여 경제기획원 내에 설립되었다. 1994년 4월에는 대통령령 제14453호로 경제기획원에서 분리 · 독립하였다.

공정거래위원회는 의사 결정 기구인 위원회와 실무 기구인 사무처로 구성되어 있다. 위원회는 모두 9명으로 구성되어 있으며 이들은 공정 거래 관련 사건을 심의 · 결정한다.

공정거래위원회는 크게 경쟁 촉진, 소비자 주권 확립, 중소기업의 경쟁 기반 확보 및 경제력 집중 억제 등의 업무를 담당하며 이를 수행하기 위해 9개의 법률을 운용하고 있다.

2002년 5월 6일

프로골퍼 최경주, 한국인 첫 PGA 제패

최경주는 일명 '코리아 탱크'로 불리는 프로골프 선수로, 우리나라 남자 골프 선수 중 세계 무대에서 가장 크게 성공한 선수로 평가받고 있다.

최경주는 1970년 5월 전라남도 완도에서 태어났다. 그는 초등학교 시절부터 축구와 역도 선수로 뛴 적이 있을 만큼 운동에 탁월한 소질을 보였다. 그러다가 완도수산고등학교 재학 시절 체육 교사의 권유로 골프채를 잡았고 이후 서울로 전학하여 본격적으로 트레이닝을 받았다.

최경주는 1993년에 치러진 프로테스트를 단번에 통과하였고 1995년 제14회 팬텀 오픈 골프 선수권 대회에서 첫 승을 거머쥐며 돌풍을 일으켰다. 1996년과 1997년에는 2년 연속 상금 랭킹 1위에 올랐다.

이를 바탕으로 최경주는 미국프로골프협회PGA 투어 Q스쿨을 35위로 통과해 국내 남자 선수로는 처음으로 미국 프로 무대에 진출하는 쾌거를 이뤄냈다.

그러나 데뷔 첫 해인 2000년에는 언어와 문화 장벽, 연이은 컷오프 탈락으로 상금 랭킹 134위로 저조한 성적을 냈다. 하지만 이후 다시 좋은 성적을 거두어 2002년에는 시즌 예선 면제 자격을 얻었다.

2002년 5월 6일에 치러진 뉴올리언즈 콤팩 클래식에서는 한국인으로는 처음으로 PGA 투어 대회를 제패하였다. 이로써 최경주는 100여 년이 넘는 우리나라 골프 역사를 새로 썼으며 이후 2004년까지 2년간 PGA 투어 카드를 보장받았다.

—

1999년 5월 6일

임진각에 '평화의 종' 건립

—

1999년 5월 6일, 임진각에 21톤 규모의 '평화의 종'이 건립되었다.

평화의 종은 높이 3.4m, 지름 2.2m 규모로 임진각 국민 관광지에 자리했다. 이 종은 청동과 주석으로 만들어졌는데 일본의 진주만 습격 당시 격침된 애리조나호 선체의 일부와 제2차 세계 대전 당시 사용된 러시아 철모 등이 재료로 사용되었다.

2000년 1월 1일 새벽 0시에는 민족의 평화 통일을 기원하는 '평화의 종' 제막식이 열렸다. 이후 임진각에서는 매년 한 해를 마감하고 새로운 해를 기원하는 제야의 종 타종식이 거행되고 있다.

5월의
모든 역사

5월 7일

1952년 5월 7일

거제도 포로수용소에서 폭동이 일어나다

거제도 포로수용소는 6·25 전쟁 당시 발생한 포로들을 수용하기 위하여 설치된 수용소이다.

1950년 11월부터 고현, 수월 지구를 중심으로 설치하기 시작하여 최대 17만 3,000여 명의 포로를 수용하였다.

1953년 6월 18일에 이승만 대통령이 반공 포로 27,389명을 석방하였고, 7월 27일에 휴전 협정 조인으로 인해 폐쇄되었다.

1983년 12월 20일에 경상남도 문화재 제99호로 지정되었으며, 최근에는 기존의 시설을 확장하여 거제도 포로수용소 유적 공원으로 탈바꿈하였다.

1950년 9월 15일 인천 상륙 작전이 성공리에 끝나자 미처 북한으로 도망하지 못한 북한군 포로가 셀 수 없이 늘어났다. 이 때문에 유엔군 사령부는 서둘러 그 대책에 나섰다.

새로운 포로수용소가 요구하는 입지 조건은 전선에서 멀리 떨어져 있으며 육지와 격리된 곳이었다. 처음에는 제주도가 후보지로 떠올랐지만 식수의 공급이 용이하지 않다는 점 때문에 거제도로 결정되었다. 1951년부터 고현리, 수월리 등지를 중심으로 수용소가 설치되었다. 여기에는 인민군과 중국군, 피난민, 민간인 억류자 등 다양한 부류의 포로들이 수용되었다.

거제도 수용소에는 한때 17만 명이 넘는 포로가 있었다. 남한 출신과 북한 출신, 반공 포로와 친공 포로는 따로 수용하는 것이 원칙이었으나 뒤섞이는 경우가 많았다. 이것이 수용소 내의 갈등을 심화시켰다.

수용소를 지키는 미군들의 기강도 문제였다. 이들은 이른바 양공주와의 화대를 마련하기 위해 포로들의 금반지를 갈취하여 원성을 샀다. 또한 포로들에 대한 대우도 매우 열악하여 1951년 6월에는 부실한 식사 제공을 문제로 한 차례 소요가 일어나기도 했다.

38선 부근에서 전쟁이 교착 상태에 빠지자 1951년 6월부터는 휴전이 모색되었다. 7월에는 정식으로 휴전 회담이 열렸는데 가장 큰 골칫덩어리가 포로 송환 문제였다. 원래 제네바 협정 제118조에 의하면 전쟁 포로는 전쟁이 끝나면 곧장 석방 · 송환되는 게 원칙이었다.

그러나 미국은 이를 무시하고 자유 송환을 들고 나왔다. 즉 포로들의 의사를 먼저 묻고 이에 따라 시행하자는 것이었다. 북한과 중국은 자신들에게 불리한 이 방식에 동의할 리가 없었다. 그래서 이들은 법에 의한 소환을 주장하며 미국과 팽팽히 맞섰다.

미국이 협상의 장애물임을 알면서도 자유 송환을 고집한 것은 군사적 승리가 어렵게 되자 도덕적인 승리라도 챙겨보려는 속셈이 있었기 때문이다.

그러나 포로들의 자유의사를 확인하는 과정에서 문제가 발생하였다. 연합군 측이 조금이라도 더 많은 반공 포로를 만들고자 협박과 고문을 자행했기 때문이다. 이 때문에 포로들은 겁에 질려 자신들의 생각을 솔직하게 드러낼 수 없었다.

반면 친공 포로들은 비밀 조직을 만들어 북한으로의 귀환을 거부하는 포로들을 살해하는 것으로 맞섰다. 인도주의를 표방한 자유 송환이 오히려 야만적 행위가 되었다.

드디어 일이 세게 터졌다. 골수 공산주의자를 분류하기 위한 미군의 강압적 심사에 제62동 수용소의 포로들이 죽창을 들고 저항한 것이었다. 이에 미군이 발포하여 포로 77명이 죽고 140명이 부상당하였다. 미군도 1명이 죽고 38명이 부상당했지만 미국은 국제적으로 호된 비난을 받았다. 이 사건으로 수용소 사령관인 피츠제럴드가 물러나고 프랜시스 도드가 부임하였다.

그러나 또다시 친공 포로와 반공 포로들 사이에 격렬한 충돌이 일어났다. 제95동 수용소의 포로들이 '김일성 만세'를 외치며 인공기를 게양하다가 총에 맞아 100여 명의 사상자가 발생한 것이었다.

마침내 1952년 5월 7일 아침, 제76동 수용소의 포로들은 수용소장 도드 준장과의 면담을 신청하였다. 이들은 도드에게 식량과 의복 등의 물자 배급을 늘리고 포로 교환을 위한 심사 중지를 요구하였다. 면담이 끝나고 도드가 돌아가려 하자 포로들은 그를 납치하여 수용소 안으로 끌고 갔다.

　　유엔군 사령관 리지웨이는 이 사실을 알고 화가 머리끝까지 올라 미 8군 사령관 밴플리트에게 무력을 동원해서라도 포로들을 진압하라고 명령하였다. 이는 도드의 죽음까지 계산한 것이었다. 밴플리트는 1,000여 명의 병력과 전차 20대를 부산에 집결시키고 투입 시기를 저울질하였다.

　　5월 10일, 포로들은 신임 포로수용소장 찰스 콜슨에게 무력을 사용하면 도드를 살해할 것이라고 위협하면서 석방 조건을 제시하였다. 그것은 미국이 포로들을 학대했고 반공 포로의 송환 거부가 고문에 의한 것임을 인정하라는 것이었다. 이에 콜슨은 각서를 써서 모든 것을 시인하였다. 차마 도드를 죽일 수가 없었던 것이었다.

　　포로들의 약속대로 도드는 풀려났지만 클라크 신임 유엔사령관은 도드와 콜슨을 준장에서 대령으로 강등시키고 콜슨이 쓴 각서는 무효라고 선언하였다.

　　이 사건 이후에도 거제도 포로수용소에서는 크고 작은 폭동이 계속되었다.

1592년 5월 7일

이순신, 옥포 해전에서 첫 승전보

　　임진왜란 발발 이후 여러 섬과 포구를 장악한 일본 수군이 거제도 쪽으로 진출하자 경상우수사 원균은 거느리고 있던 수군 1만 명을 해산시켰다.

　　그러나 원균은 전라도와 충청 지방에 이르는 해로인 옥포의 중요성을 뒤늦게 깨닫고 전라좌수사 이순신에게 구원을 요청하였다. 이에 이순신은 전라좌수영의 함대를 이끌고 여수항을 출발하여 당포 앞바다에서 원균의 함대와 합류하였다. 이순신은 전라좌수영과 원균이 이끄는 경상우수영의 연합 함대 91척의 총지휘를 맡았다.

마침내 척후장 김완이 옥포 포구에 정박 중인 일본 수군의 함대 50여 척을 발견하였다. 이순신 휘하의 조선 수군은 즉시 일본 수군의 퇴로를 봉쇄하였다. 그리고 함대를 향해 맹렬한 포격을 가해 적선 26척을 격침하는 큰 전과를 올렸다. 임진왜란 발발 이후 우리 수군이 첫 승전보를 전하는 순간으로 1592년 5월 7일의 일이었다.

옥포 해전은 이순신이 임진왜란에서 이룬 23전 23승 신화의 첫 승리라는 점에 그 의의가 있다.

* 1592년 4월 14일 '임진왜란이 일어나다' 참조

—

1608년 5월 7일

대동법 시행

—

임진왜란 이후 지방의 특산물을 바치는 공납貢納이 제대로 실시되지 않아 방납防納이 성행하였다. 그 영향으로 농민들의 부담은 늘어난 반면에 국가의 재정은 감소하였다.

이 같은 문제를 해결하고자 영의정領議政 이원익이 국가 재정의 타개책으로 대동법의 시행을 요청하였다. 그동안 지방 특산물로 공납하던 것을 전결田結에 따라 미곡으로 통일해서 바치도록 납세 제도를 고치자

는 것이었다. 이에 조정에서는 대동법을 시행하기 위하여 선혜청을 설치하고 대동미와 포 · 전의 출납 업무를 관장토록 하였다.

1608년 5월 7일, 먼저 방납의 폐단이 가장 심했던 경기도에 지청을 설치하고 대동법을 실시하였다. 경기도에서는 토지 1결에 쌀 16말을 징수하여 그중 10말은 선혜청으로 보내고 6말은 경기도에서 필요에 따라 썼다. 1624년부터는 강원도를 시작으로 전국적으로 확대 실시하였다.

대동법이 실시된 이후 국가 재정은 안정되었으며 농민들은 세 부담이 경감되었다. 또한 상공업과 화폐 경제가 발달하였다.

당시 출납 업무를 관장했던 선혜청은 한양 서부 양생방에 있었는데, 지금의 중구 남창동 284번지 일대인 남대문 시장이 바로 그곳이다. 선혜청은 조선 후기까지 이어져오다 갑오개혁 때 폐지되었다.

—

1934년 5월 7일

진단학회, 창립총회 개최

—

1934년 5월 7일, 한국사에서 가장 오랜 역사를 가지고 있는 역사 연구회인 진단학회震檀學會의 창립총회가 경성 장곡천정(현 소공동) '푸라다아느' 다방에서 개최되었다.

진단학회는 일제의 식민 문화 통치에 대항하여 민족 문화의 수호와 발전을 목표로 설립되었다.

당시 한국 문화의 연구는 주로 일본인 학자들을 중심으로 이루어져 식민주의 사관을 크게 벗어나지 못했으며, 연구 성과의 대부분이 일본어로 발표되었다. 이에 이병도를 중심으로 김태준, 이윤재, 이희승, 손진태 등 한국의 뜻있는 학자들이 모여 진단학회를 조직한 것이다.

진단학회는 창립 이후 민족적 자존심과 민족의식의 회복을 절감하고, 한국 문화의 개척과 발전을 도모하였다. 이들은 문헌과 고증을 중시하는 실증적 연구를 중시하여 식민 사학을 극복하려 했다는 점에서 높이 평가받았다.

그해 11월 18일에는 기관지인 계간 『진단학보』를 발행하였다. 일제의 탄압으로 『진단학보』의 발행이 잠시 중단되기도 하였으나 광복 이후 계속되었다.

—

1987년 5월 7일

포항종합제철주식회사, 광양 제철소 제1기 설비 완공

—

우리나라 최초의 종합 제철소 건설 계획은 1962년 정부가 제1차 경제 개발 5개년 계획을 수립하면서 시작되었다. 그러나 1967년에 한국 국제 철강 연합(KISA : Korea International Steel Associates)이 연산 60만 톤 규모의 공장을 짓는 데 필요한 외자 조달에 실패하자 종합 제철소의 건설 계획이 실패로 돌아갔다.

그 후 1970년 1월에 제정된 철강공업육성법에 따라 정부는 국영기업체 형태인 포항종합제철주식회사POSCO를 설립하였다. 1985년 12월 5일부터는 일본의 야와타제철, 후지제철, 니혼강관 등 3사로부터 기술을 제공받아 전라남도 광양시 금호동에 광양 제철소 제1기 설비 착공에 들어갔다. 그 결과 옥곡 · 진월면 앞바다의 금호도와 망망대해에

13.6km의 둑을 쌓고 바다를 메워 여의도보다 5배나 큰 인공 섬이 만들어졌다.

1987년 5월 7일에는 그 인공 섬 위에 조강 연산 270만 톤 규모의 광양 제철소 제1기 설비가 완전히 마무리 되었다.

광양 제철소는 1992년 10월 2일에 제4기 종합 준공을 끝으로 조강 연산 2,080만 톤의 거대 제철소로 성장하였다. 이때부터 철강 산업은 우리나라의 기반 산업으로 본격 성장하기 시작하였다.

5월의
모든 역사

5월 8일

1111년 5월 8일

고려의 문신 윤관이 사망하다

윤관이 왕에게 아뢰기를 "제가 보기에는 적의 세력이 완강하여 무
슨 변을 일으킬지 예측하기 어려우니 마땅히 병졸과 군관을 휴식
시켜 후일에 대비해야 하겠습니다. 또한 제가 전일에 패전당한 원
인은 적들은 말을 탔고 우리는 보행으로 전투한 까닭에 대적할 수
가 없었던 것입니다."라고 하였다.
이때부터 비로소 별무반을 만들기로 결정하였는데 문무의 관리 서
리들로부터 상인, 사환에 이르기까지 모든 사람들과 주·부·군·
현에서 말을 기르는 사람들 전부를 신기군에 편입하고 말이 없는
자는 신보군에 배속시켰다.

-『고려사』

경기도 파주군 천현면에 가면 '낙화암落花岩'이라는 비석을 만날 수 있다. 이 비석은 고려의 명장인 윤관과 관련된 전설 하나가 전하는데 그 이야기는 고려 숙종 때로 거슬러 올라간다.

당시 윤관은 여진족을 정벌하라는 왕의 명을 받고 전쟁터로 나가게 되었다. 전쟁터로 떠나기 전 그는 애첩과 술상을 마주하며 이별의 아쉬움을 달랬다. 애첩이 "싸움에서 꼭 승리하고 돌아오길 매일같이 빌겠어요."라고 하자 윤관은 "만약 싸움에서 이기면 붉은 깃발을, 지면 흰 깃발을 들고 오겠네."라고 말했다.

하염없이 승리의 소식만을 기다리던 어느 날, 저 멀리에서 말발굽 소리가 들리고 뿌옇게 먼지가 일어났다. 순간 애첩의 가슴은 걷잡을 수 없이 뛰고 팔다리는 후들거렸다. 그러나 그녀의 눈에 들어온 것은 흰 깃발이었다. 낙심한 그녀는 근처 연못에 몸을 던져 죽고 말았다.

그런데 실제로는 윤관이 여진족을 정벌하였다. 윤관이 장난기가 발동해 깃발을 거꾸로 들고 왔던 것이었다.

윤관은 자신의 경솔한 장난으로 애첩이 죽은 것을 애통해 하며 죽은 자리에 비석을 세워 그녀를 기렸는데 이것이 바로 '낙화암'이다.

윤관은 경기도 파주에서 윤집형의 아들로 태어났다. 그의 고조부인 윤신달은 태조 왕건을 도와 고려를 개국한 삼한공신三韓功臣이었다. 그는 일찍이 글쓰기에 재주를 보여 7세에 뽕나무를 소재로 한 시를 지었는데 사람들 모두가 감탄했다.

"뽕잎은 누에를 길러 추위를 막게 하고,
가지는 굳센 활을 만들어 오랑캐를 쏠 수 있네.
이름은 비록 초목이나 참으로 국보일세,

베거나 자르지 말라고 아이들을 가르쳐야 하리."

    문종 때 과거에 급제한 윤관은 1095년에 숙종이 즉위하자 요나라에 파견되어 즉위 사실을 알렸고, 3년 뒤에는 다시 송나라로 건너가 그 사실을 알렸다. 이렇게 외국에 파견되어 고려를 대표한 것은 그만큼 윤관의 능력이 뛰어났다는 것을 의미한다.

    이후에도 그는 승진을 거듭하면서 1104년에는 동북면행영병마도통에 임명되었다. 이때부터 윤관이 세상을 떠나는 1111년까지가 그의 인생에서 가장 중요한 시기라고 할 수 있다. 윤관을 상징하는 여진 정벌이 바로 이때에 단행되기 때문이다.

    대체적으로 평온한 관계를 유지해 왔던 고려와 여진의 관계는 완안부完顔部가 일어나면서 깨지기 시작하였다. 완안부는 금나라를 세운 여진의 부족이었다. 그는 고려에 복속하고 있던 여진 부락을 공격하고 급기야 정주의 장성 부근까지 나타났다. 고려로서는 이 사태를 도저히 묵과할 수 없었다. 반대론도 있었지만 숙종은 여진을 정벌하기로 결심하고 임간을 보냈다.

    그러나 임간은 성급하게 성문을 열고 나가 여진을 공격하다가 유인에 걸려 대패하였다. 이에 숙종은 임간을 해임하고 윤관을 동북면행영병마도통으로 삼아 다시 출정시켰다. 하지만 결과는 역시 마찬가지였다. 여기에는 근본적인 문제가 있었다. 적은 날랜 기병인데 반하여 아군은 더딘 보병이라 처음부터 그 적수가 될 수 없었던 것이었다.

    윤관은 일단 급한 대로 여진과 강화를 맺고 돌아와 숙종에게 건의하여 별무반을 창설하였다. 별무반은 기병인 신기군, 보병인 신보군, 승병인 항마군 등으로 구성되었는데, 여기에는 양반부터 노예까지 모든 계층이 동원되었다. 그러나 숙종이 여진 정벌을 실현하지 못한 채 죽고, 그 과업은 아들인 예종에게 넘어갔다.

마침내 예종 2년, 변방으로부터 여진족의 동태가 심상치 않다는 첩보가 들어왔다. 이에 예종은 17만 대군을 일으켜 윤관을 원수로, 오연총을 부원수로 삼아 여진을 공격토록 하였다. 이 정벌은 대성공하여 5,000여 명의 적군을 죽이고 5,000여 명이 넘는 포로도 사로잡았다. 1107년에는 점령한 땅에 새로이 성을 쌓아 지키니 이것이 바로 윤관의 9성이다.

그러나 이토록 어렵게 구축한 9성은 오래가지 못하였다. 근거지를 빼앗긴 여진이 맹렬한 반격을 가해왔기 때문이다. 고려에서는 다시 윤관이 정벌군을 이끌고 나섰으나 이번에는 고전을 면치 못하였다. 이때 여진이 영원히 조공을 바치고 고려 경내를 침입하지 않겠다는 조건으로 9성을 돌려달라고 애걸하자 고려는 이 제의를 받아들였다. 사실 고려로서도 더 이상 장기전을 감당하기가 힘들었던 것이다.

결국 윤관은 1년 만에 9성을 돌려주고 패전의 책임을 뒤집어쓰고 공신의 칭호도 삭탈당하였다. 그 후 예종은 다시 윤관을 문하시중에 임명하였으나 윤관은 계속 사양하였다.

윤관은 고향인 파주로 내려가 여생을 보내다가 1111년 5월 8일에 조용히 죽음을 맞이했다. 1130년에는 예종의 묘정에 배향되었고, 문숙文肅이라는 시호가 내려졌다.

1906년 5월 8일

애국지사 최익현, 전북 태인에서 의병 봉기

구한말의 애국지사 최익현은 1833년 12월에 경기도 포천군에서 태어났다.

최익현은 1895년, 명성황후가 시해되고 단발령이 공포되자 청토역복의제소請討逆復衣制疏를 올려 항일 운동에 앞장섰다. 이로 인해 고종으로부터 호조 판서, 각부군선유대원 등의 요직에 제수되었으나 오로지 일본을 배격할 것을 상소하는 데에만 전념하였다.

최익현의 대쪽 같은 지조는 1905년에 을사조약이 체결되자 당시 조약의 무효화와 박제순, 이완용, 이근택, 이지용, 권중현 등 을사 5적의 처단을 주장한 청토오적소請討五賊疏를 올린 것에서도 엿볼 수 있다.

그러나 상소만으로는 안 되겠다고 생각한 최익현은 집을 떠났다. 그리고 애제자였던 고석진의 소개로 임병찬을 만나게 된다. 임병찬이 "호남의 선비들이 장차 의병을 일으키려 하는데 모두 선생을 맹주盟主로 생각하고 있으므로 그곳으로 가셔야 하겠습니다."고 말하자 최익현은 두 달간 거사를 준비했다.

1906년 5월 8일, 최익현은 전라북도 태인 무성서원에서 임병찬과 의병을 일으켰다.

이때 최익현의 나이는 74세로 고령임에도 불구하고 국권 회복을 꾀하고자 의병을 일으킨 것이었다. 태인읍 점령을 시작으로 순창에 입성했을 당시 의병의 수는 1,000여 명에 이르렀다.

그러나 최익현은 순창에서 왜군에 대항하여 싸우다 체포되어 3년형을 선고받고 대마도에 구금되었다. 그는 왜인이 주는 음식은 먹을 수 없다며 단식 투쟁을 벌이다 1907년 1월 1일 끝내 숨을 거두었다.

1906년 5월 8일

명진학교 설립

1906년 5월 8일, 동대문 밖 원흥사元興寺에 명진학교明進學校가 설립되었다.

명진학교는 섭심, 신실, 자애, 도세를 교훈으로 불교계 선각자들이 교육을 통하여 나라를 구하고자 설립한 학교였다. 설립 이후 1915년에는 중앙학림中央學林으로 개칭하였으나 1922년에 3 · 1 운동을 주도했다는 이유로 일제에 의해 강제로 폐교되었다.

1928년에 불교전수학교로 다시 개교하여 1946년 9월에 동국대학으로 승격하였다. 초대학장에 허윤이 취임하였다. 1953년에는 종합대학으로 개편하여 대학원을 신설하였으며 1978년에는 경주시에 분교를 세웠다.

2011년 기준 서울캠퍼스는 11개 대학원, 13개 단과대학으로 구성되어있으며 서울캠퍼스는 서울 중구 필동로 1길 30에 있다.

1925년 5월 8일

조선 총독부, 「치안 유지법」 공포

1925년 5월 8일, 일제가 반정부·반체제 운동을 억압하기 위해 「치안 유지법治安維持法」을 공포하였다.

조선 총독부가 공포한 「치안 유지법」은 1923년 9월 관동대지진 직후 혼란을 방지하기 위해 공포되었던 긴급 칙령을 기준으로 제정되었다.

이 법률은 천황 통치 체제를 부정하는 운동을 단속한 것으로 일체의 사회 운동을 조직하거나 선전하는 자에게 중벌을 가하도록 제정된 것이었다. 일본 역사상 가장 악명이 높은 법률로 이 법에 의해 고문 또는 처형당한 피해자 수는 일본 내에서만 7만 5,000여 명에 이른다.

일제는 이러한 「치안 유지법」을 조선에 그대로 적용하여 민족 해방 운동을 탄압하는 데 적극 활용하였다. 처음 제정되었을 당시에는 최고 10년 이하의 징역 또는 금고의 처벌이던 조항이, 1928년에 개정되면서 최고 사형까지로 크게 강화되었다. 그 후 1945년 10월 15일에 「치안 유지법」은 폐지되었다.

1948년 제정된 우리나라의 「국가 보안법」은 「치안 유지법」을 기초로 하였다.

5월의
모든 역사

5월 9일

■
·
■

2003년 5월 9일

제1회 목은 문화제가 개최되다

고려 때 이색이 원나라에 들어가 과거에 급제를 했다. 이때 학사 구양현이 그를 변방 출신이라고 무시하며 "짐승과 새의 발자취가 어찌 중국까지 왕래하느냐?"고 글을 지어 그를 조롱했다. 이에 이색이 "개 짖고 닭 우는 소리가 사방에서 들려오고 있구나."라며 맞받아치니 구양현이 깜짝 놀랐다. 고려가 새나 짐승이라면 너희 원나라는 개나 닭이라는 통렬한 풍자였던 것이다.

그러나 구양현은 태연하게 "잔을 들고 바다에 들어가니 비로소 바다가 큰 줄을 알겠도다."라며 반격했다. 이색은 웃으면서 "우물에 앉아 하늘을 보고 하늘을 작다고 말하는구나."하고 역공을 가하였다. 구양현은 크게 경탄하며 그만 항복하고 말았다.

-홍만종, 『순오지』

이색의 학식은 중국을 뒤흔들어 놓을 만큼 뛰어났다. 『순오지』의 저자인 홍만종은 "문장과 이치를 모두 구비하여 하늘의 조화로 자연을 이루어놓은 것과 같으니 실로 그는 소동파에 못지않다."며 이색을 칭찬하였다.

이색은 고려 말의 학자로 호는 목은牧隱이다. 이색은 야은冶隱 길재, 포은圃隱 정몽주와 더불어 '삼은三隱'의 하나로 꼽히는 인물이다. '삼은'이란 고려 말기에 유학자로 이름난 세 학자들로, 고려조에서 벼슬하였으나 이성계의 조선 건립 당시 불사이군不事二君을 주장하며 조선의 개국에 참여하지 않았던 대표적인 선비들의 아호雅號를 일컫는 말이다.

이색은 원나라의 과거에 합격할 만큼 학문에 뛰어났으며 성리학의 보급을 위해 많은 힘을 쏟았다. 이러한 학문적 업적과 불사이군의 충절을 기리기 위해 2003년 5월 9일에는 제1회 목은 문화제가 개최되었다.

목은 문화제가 열리는 경상북도 영덕군 괴시 마을은 이색이 태어난 곳으로 그는 자주 이곳에 들러 아름다운 산천과 바다를 주제로 많은 시문을 남겼다고 한다. 개최 첫날에는 한옥의 우수성과 예의 범절을 체험하는 고가 생활 체험 행사가 열렸으며 이튿날에는 이색의 생애와 사상을 주제로 한 강좌와 추모 시낭송 등의 행사가 진행되었다.

이후 문화제는 민속놀이, 고가 탐방 등의 체험 행사와 목은 작품전, 전통 옹기 전시회 등의 다양한 프로그램을 마련하여 격년으로 10월에 개최되고 있다.

목은 문화제 개최를 계기로 오늘날 우리는 이색 선생의 문학과 사상에 다시 한 번 주목할 필요가 있다. 조선 후기의 문장가인 이건창은 "기백의 웅혼함과 음향의 깊음이 동방에 없던 바이므로 목은 시를 배우기를 원한다."고 고백했을 정도로 그는 고려조와 조선조를 대표하는 문장

가였다.

이색은 평생 동안 7,000여 수에 달하는 시를 남겼는데 그의 시는 주로 우리의 고유한 풍속을 다루었다. 인간과 자연 그리고 삶의 모습을 사실적으로 표현한 이색의 시를 통해 우리는 고려 말의 시대상과 백성들의 삶의 모습을 엿볼 수 있게 되었다.

고려 말의 혼란기를 살아간 인물들이 대개 그렇듯 이색의 삶 역시 굴곡이 많았다. 이색은 1328년 경상북도 영덕에서 이곡의 아들로 태어났다. 아버지 이곡도 세상이 알아주는 대학자였으며 어머니 또한 아는 것이 많아 이곡이 원나라에 머물 때에는 직접 이색을 가르치기도 하였다.

이색은 한 번 문장을 들으면 그 자리에서 외워버릴 만큼 천재성이 다분했다. 그는 겨우 14세에 성균관 시험에 수석으로 합격하여 사람들을 놀라게 하였다. 키도 작고 얼굴도 볼품이 없었지만 뛰어난 실력 덕분에 결혼 당일까지도 명문가들이 그를 놓고 다투었다 한다. 그는 21세가 되던 해 아버지의 권유로 중국 베이징으로 건너가 3년 동안 성리학을 수학하였다.

이색은 공민왕 1년인 1371년에 몇 가지 개혁안을 올렸는데 전제의 개혁, 교육의 진흥, 국방의 개혁, 불교의 억제 등에 관한 것이었다. 이듬해 이색은 문과를 치러 장원으로 급제하였다. 1373년에는 원나라에 들어가 그곳에서 실시한 과거에도 차석으로 당당히 합격하였다. 그가 장원을 놓친 것은 단지 원나라 사람이 아니었기 때문이다.

1361년에는 홍건적의 침입으로 개경이 위험에 처하자 왕을 호위하여 안동으로 피난하였다. 이 공으로 이색은 1등 공신이 되었고 1367년에는 왕이 그를 대사성大司成에 임명하였다. 이때 정몽주와 이숭인 등 젊은 인재들을 학관으로 기용하여 성리학의 보급과 발전에 힘썼다.

그러나 어머니를 여읜 상실감과 공민왕이 암살당하는 충격이 겹치자 기력을 잃고 쓰러져 버렸다. 이후 한동안 정계를 떠났으나 우왕의 절실한 요청으로 다시 돌아왔다.

그리고 1388년에 철령위 문제로 출병했던 이성계가 위화도 회군을 일으켜 우왕과 최영을 몰아내는 일이 발생했다. 이색은 이성계 측의 주장을 일축하고 조민수와 함께 창왕으로 하여금 우왕의 뒤를 잇게 하였다. 그러나 새로운 왕조를 꿈꾸었던 이성계는 다시 창왕을 쫓아내고 공양왕을 세운 후 창왕을 옹립했던 이색을 유배하였다. 1392년, 조선을 건국하는 데 성공한 이성계는 이색을 풀어주고 새 왕조에 참여할 것을 요청하였으나 이색은 이를 거절하였다.

이색은 1396년 5월 7일에 여강驪江으로 피서를 떠나던 중 여주 신륵사에서 갑자기 사망하였으나 그 사인은 의문으로 남았다. 저서에는『목은문고牧隱文藁』와『목은시고牧隱詩藁』등이 있다.

* 1388년 5월 22일 '이성계, 위화도 회군으로 실권을 장악하다' 참조

—

1660년 5월 9일

조선 왕조 제18대 왕, 현종 즉위

—

1660년 5월 9일, 효종의 맏아들 현종이 조선 왕조 제18대 왕으로 즉위하였다.

현종은 조선 인조 14년(1636)에 병자호란이 일어나 효종이 청나라에 볼모로 가 있을 때 심양에서 태어났다. 현종은 인조 27년(1649)에 왕세

손에 책봉되었다가 효종 2년(1651)에 왕세자가 되었다.

현종은 즉위하자마자 상복을 입는 문제를 둘러싸고 두 차례나 논쟁이 벌어졌다. 이 때문에 그의 재위 15년은 정쟁의 연속이었다고 해도 과언이 아니다.

1659년에는 아버지 효종이 죽은 후 인조의 계비인 자의대비 조씨의 상복 문제로 첫 번째 논쟁이 벌어졌다. 이어 1973년에는 효종의 비인 인선왕후가 죽자 다시 복제가 문제가 붉어졌다.

현종은 이러한 정쟁 속에서도 즉위 3년에는 호남 지방 전역에 대동법을 확대 실시하는 등 국정 운영에 힘썼다. 1668년에는 동철활자銅鐵活字 10여 만 자를 주조하여 인쇄 사업을 육성하였으며, 혼천의를 만들어 천문 관측과 역법의 연구에 이바지하였다.

또한 지방관의 상피법相避法을 제정하여 정실의 개입을 차단하였으며, 동성 통혼을 금지시키는 등 조선 왕조의 지배 질서를 확립시키는 데 많은 노력을 기울였다.

* 1659년 3월 16일 '기해예송에서 남인들이 3년상을 주장하다' 참조

1895년 5월 9일

봉수 제도 폐지

봉수 제도는 높은 산정에 봉화대를 설치하고 밤에는 횃불, 낮에는 연기로 변경의 정세를 중앙에 급히 전달하는 일종의 통신 제도로, 동서양을 막론하고 군사상 중요 통신 수단으로 사용되었다.

봉수 제도는 『삼국유사』나 『삼국사기』의 봉화, 봉산성 등의 기록으로 보아 삼국 시대부터 시작된 것으로 짐작해 볼 수 있다. 그러나 봉수 제도가 확립된 것은 고려 의종 때부터이고 세종 대에 이르러 더욱 발전하였다.

세종은 집정 초기부터 4군 6진의 개척과 더불어 봉수의 연대 축조, 봉수망의 확정 등 여러 가지 체제 정비를 강화하여 1438년에 봉수 제도를 확립시켰다.

조선 시대의 봉수 제도는 평시에는 횃불을 1개, 왜적이 해상이나 국경에 나타나면 2개, 국경에 접근하면 3개, 국경을 넘어오면 4개, 외적이 상륙하거나 접전을 하면 5개를 올리도록 하였다.

그러나 봉수 제도는 점차 시설의 미비, 요원 배치의 불충분, 봉수군의 근무 태만과 도망으로 인하여 을묘왜란과 임진왜란에서 제 역할을 수행하지 못하였다. 이 때문에 봉수 제도는 설치와 폐지를 거듭하였다.

그러다가 전신, 전화 등의 근대적인 통신 방식이 도입됨에 따라 1895년 5월 9일에 봉수 제도는 결국 폐지되고 말았다.

현재 남아 있는 봉수대는 지방 기념물로 지정하여 각 시 · 도에서 보호하고 있다.

1930년 5월 9일

독립운동가 이승훈 타계

낙심하지 말고 겨레의 광복을 위하여 힘쓰라. 내 유해는 땅에 묻지 말고
생리학 표본을 만들어 학생들을 위해 쓰게 하라.

-이승훈

이승훈은 1864년 평안북도 정주의 가난한 선비 집안에서 태어났다.
본명은 인환이다.

이승훈은 어려서 부모를 일찍 여의고 보부상과 국제 무역상으로 탄
탄한 사업을 일구어 많은 재산을 모았다. 그는 1907년, 평양에서 안창
호의 교육 진흥론 강연을 듣고 교육에 뜻을 두었고 이후 강명의숙을 세
워 인재 양성에 힘썼다.

한편 이승훈은 비밀결사단체인 신민회에 가입하여 독립 운동에 매진
하다가 '105인 사건'에 연루되어 혹독한 고문을 당하였다. 3·1운동 당
시에는 기독교계를 대표해 33인 중 한 사람으로 독립운동에 참여하였
다가 체포되는 등 일생 동안 세 번에 걸쳐 9년간 옥고를 치렀다.

이승훈은 무조건적인 애국과 애민의 정신으로, 신앙인으로, 솔선수
범하는 실천적 삶을 살다가 1930년 5월 9일, 조국의 독립을 보지 못한
채 세상을 떠났다.

* 1911년 10월 12일 '105인 사건이 발생하다' 참조

1964년 5월 9일

동양방송 개국

1964년 5월 9일, 중앙일보사가 겸영兼營한 민간 상업 방송인 동양방송이 개국하였다.

동양방송은 약칭 TBCTongYang Broadcasting Company로 불렸다. 동양방송은 1962년 12월 31일에 호출 부호 HLCZ, 주파수 1,380khz, 출력 10kw로 라디오 무선국 설치 가허가假許可를 받고, 그해 12월 24일에 송신소를 준공하고 첫 시험 전파를 내보냈다. 이후 호출 부호를 HLCZ에서 HLKC로 변경하였다.

동양방송은 1964년 5월 9일 정오부터 하루 20시간의 정규 방송을 개시함으로써 우리나라 세 번째 민간 상업 방송으로 등장하였다. 개국 당시 '라디오 서울'로 시작한 뒤, 그해 12월에 텔레비전 방송을 시작하여 국내 첫 민영 텔레비전 방송도 출발하였다.

또한 국내 최초의 심야 방송으로 젊은 층을 대상으로 한 「밤을 잊은 그대에게」라는 프로그램을 신설하였으며 「신가요 박람회」 「가로수를 누비며」 등과 같은 프로그램 등을 통해 특수 청취자 계층을 확보하였다. 텔레비전은 상업 방송의 특징을 살려 연예와 오락 방송에 주력하였다.

그러다가 1980년 12월, 당시 전두환 정부의 언론 통폐합 조치로 KBS로 통합되어 라디오는 제3방송, 텔레비전은 KBS 2TV, FM은 제2FM이 되었다.

2011년 12월 1일에 종합편성채널 JTBC로 부활하였다.

5월의
모든 역사

5월 10일

■
·
■

—

1868년 5월 10일

독일인 오페르트 일당이 남연군의 분묘를 도굴하다

—

흥선 대원군 이하응李昰應의 아버지인 남연군은 1836년에 사망하
였다.

사후 경기도 연천군에 장사되었다가 충청남도 예산군 가야산 중턱
의 석탑石塔 자리인 현재의 위치로 이장되었다. 풍수가는 이 자리를
2대에 걸쳐 천자가 나올 자리로 지목하였다고 한다.

원래 이곳에는 가야사伽倻寺라는 절이 있었는데 흥선 대원군은 아버
지의 묘를 이곳으로 이장하기 위해 가야사를 불태웠다 한다. 7년
후 흥선 대원군은 둘째 아들을 얻었는데, 이가 바로 고종이다.

묘소는 1989년 12월 29일에 충청남도 기념물 제80호로 지정되었다.

　　예로부터 무덤에 대한 도굴 사건은 동서양을 가리지 않고 발생했다. 시신을 매장하면서 값진 부장품들을 함께 묻었기 때문이다. 고대 이집트 역시 피라미드에 복잡한 미로를 설치했음에도 도굴꾼들의 발길을 피할 수 없었다. 서양에서는 채플린과 크롬웰의 유해가 도굴되기도 하였다.

　　우리나라는 일제 강점기에 무수히 많은 고분들을 도굴 당했다. 자위권이 없는 상태에서 그야말로 눈뜨고 당한 것이었다.

　　19세기 조선에서도 이른바 '오페르트 도굴 사건'이라고 부르는 고약한 도굴 사건이 하나 있었다. 중국 상하이에 거주하고 있던 독일 국적의 상인 오페르트가 흥선 대원군의 부친인 남연군의 묘를 파헤치다 발각된 사건이다.

　　오페르트는 본래 독일 함부르크 출신으로 조선과의 무역을 통해 큰돈을 벌어보고자 이미 두 차례 조선을 다녀간 적이 있었다. 그러나 외국과의 통상을 금지하고 있는 조선 측의 거부로 번번이 그 의도가 좌절되었다. 다시 세 번째 조선 방문을 계획하고 있을 때, 마침 조선에서 천주교 박해를 피해 도망친 프랑스인 신부 페롱을 만났다. 그는 대원군을 미치광이라 욕하는 등 강한 복수심에 불타 있었다.

　　오페르트는 페롱과 조선인 최선일로부터 남연군의 묘에 보물들이 가득 묻혀 있다는 정보를 얻었다. 그는 남연군의 묘를 도굴하여 유골과 부장품으로 대원군과 흥정하면 원하는 목적을 이룰 수 있다고 생각했던 것이다. 이에 아산만의 만조 시기라든가 상륙한 곳에서 무덤까지의 거리 등 나름대로 치밀한 계획을 세우고 행동을 개시하였다.

　　오페르트는 차이나호를 빌려 페롱과 조선인 천주교도 몇 명, 100여 명이 넘는 선원들을 태우고 조선을 향해 떠났다. 이들이 표면적으로 내

세운 목적은 조선과 통상 조약을 체결하고 조선의 사신 1명을 배에 태워 지구를 일주한다는 것이었다.

1868년 5월 10일, 오페르트는 홍주군 앞바다인 행담도에 도착하였다. 그리고 작은 증기선인 그레타호로 갈아타고 구만포에 상륙하였다. 이들은 스스로 러시아병이라고 외치며 덕산군 관아로 쳐들어가 건물을 부수고 무기를 빼앗았다. 덕산 군수 이종신이 나서서 이들에게 침입의 이유를 물었으나 대답 대신에 총을 쏘고 칼을 휘두르며 그들의 접근을 막았다.

그리고 오페르트 일당은 곧장 남연군의 묘로 가서 무덤을 파헤치기 시작하였다. 덕산 군수와 묘지기, 그리고 동네 주민들이 달려와 이를 막으려고 했지만 총칼로 무장한 그들의 상대가 될 수 없었다. 정작 악당들의 손길로부터 무덤을 안전하게 보호한 것은 그 무덤 자신이었다.

흥선 대원군은 남연군의 묘를 이곳에 이장할 때 도굴에 가장 신경을 썼다. 그래서 석수들을 동원하여 바위를 열 길이나 파내고 그 안에 관을 넣은 후 석회를 300포나 쏟아 부었다고 한다. 그러니 요즘처럼 바위를 깨는 드릴이라도 있다면 모를까 당시의 도구로는 쉽사리 무덤을 열수 없었던 것이었다. 날은 점점 더 밝아오고 바닷물이 빠질 시간이 다가오자 오페르트 일당은 도굴을 포기하고 철수를 결정하였다. 그리고 민가를 습격해 재물을 약탈한 뒤 유유히 차이나호로 되돌아갔다.

이 사건은 즉시 충청 관찰사 민치상에게 보고되었다. 즉시 100여 명의 군사를 출동시켰지만 그들은 이미 떠난 뒤였다. 부친의 묘가 도굴되었다는 소식을 접한 흥선 대원군은 분노를 이기지 못해 몸을 부들부들 떨었다. 그는 오페르트 일당을 추적해 섬멸하고 국내에 남아 있는 천주교도들을 더욱 엄하게 단속하라고 지시하였다. 흥선 대원군은 도굴단을 안내한 조선인들이 천주교도임이 밝혀지자 이들이 길잡이 노릇을 했을 것이라고 확신하였다.

한편 오페르트는 상하이로 돌아가지 않고 수십 명의 선원을 이끌고 영종도로 상륙하였다. 이곳에서 조선인과 충돌하여 자신들의 선원 두 명이 죽자 곧바로 도주하였다.

조정에서는 이들 두 명의 목을 벤 뒤 전국에 돌려 백성들의 경각심을 일깨웠다. 조상을 숭배하고 분묘를 소중히 여겼던 조선인들에게 묘를 파헤친다는 것은 무엇으로도 용납될 수 없는 만행이었다.

이 사건으로 흥선 대원군은 통상 수교 거부 정책을 더욱 강화하고 천주교에 대한 탄압도 계속하였다. 또한 이 사건은 배외 감정을 격화시키는 계기가 되었다.

1398년 5월 10일

해인사 대장경판, 경상남도 합천 해인사로 이관

해인사 대장경판大藏經板은 고려 고종 때에 간행되어 현재 해인사에 보관되어 있는 대장경이다. 대장경은 경經 · 율律 · 논論의 삼장三藏을 뜻하며 고려 때 외적의 침입을 막고자 간행한 불경이다.

이 대장경판은 초조대장경初雕大藏經을 다시 목판에 새긴 것이다. 초조대장경은 1011년부터 조조肇造되어 1087년에 완성된 후 대구 부인사에 소장되어 있었다.

그러나 고종 18년(1231)에 몽골의 침입으로 소실되고 말았다. 이에 고려는 몽골군의 격퇴를 발원하기 위하여 대장경 복원을 결심하였다.

당시 집권자인 최우를 중심으로 강화도에 대장도감을, 남해에 분사도
감을 설치하였다. 그리하여 1236년부터 1251년까지 무려 16년에 걸쳐
'재조대장경'을 주조하였다.

거란 침입을 계기로 만들었던 '초조대장경'에 대해 다시 만들었다 하
여 재조대장경이라 불렀다. 초조대장경을 저본底本으로 하여 잘못된 곳
을 바로잡고, 빠진 것을 보완하여 완성하였다.

완성된 경판은 처음에는 강화도 선원사 대장경판당에 소장하였다가
1398년 5월 10일에 다시 경상남도 합천 해인사 장견판전으로 이관되
었다.

이 대장경은 8만여 판에 8만 4,000 번뇌에 해당하는 법문이 실려 있
어 흔히 '팔만대장경'이라고도 부른다. 현재 남아 있는 경판經板의 수는
8만 1,258판에 이른다.

1962년에 국보 제32호로 지정되었으며 2007년 6월에는 해인사 대장
경판 및 제경판으로 유네스코 지정 세계 기록 유산에 지정되었다.

—

1950년 5월 10일

우장춘 박사, 한국농업과학연구소
초대 소장 취임

—

육종학자 우장춘은 1898년 일본 도쿄에서 망명 개화파인 우범선과
일본인 여인 사이에서 태어났다.

우장춘은 4세 때 아버지를 여의어 가정 형편이 매우 궁핍했으며, 한
국계 혼혈아라는 이유로 냉대와 멸시를 받으며 성장했다.

1919년에 도쿄제국대학 실과의 농학과를 졸업했으며, 1935년에 '십자화과속의 식물에 관한 게놈 분석'을 시도하여 박사 학위를 받았다. 그의 논문은 현존 종을 재료로 하여 또 다른 종을 실험적으로 합성해 낸 '종의 합성' 이론이었다. 이것은 다윈의 진화론에 나오는 '종은 자연도태의 결과로 성립한다.'는 설을 수정하는 혁신적인 이론으로 세계의 주목을 받았다.

1947년에는 정부와 전 국민이 우장춘 환국 추진 위원회를 만들고 모금 운동을 벌이는 등 그의 환국을 위해 힘썼다. 하지만 일본은 세계적인 육종학자 우장춘을 보내려고 하지 않았다. 결국 그는 1950년 3월에 본적이 서울임을 내세워 불법체류자 신분을 자처함으로써 귀국할 수 있었다.

그리고 1950년 5월 10일, 한국농업과학연구소의 초대 소장에 취임해 농업 재건 사업에 몰두했다. '아버지의 나라인 조국의 땅에 뼈를 묻겠다.'는 그의 귀국 연설처럼 그는 한국적 토양에 맞는 농법 개발에 혼신의 힘을 기울였다.

우장춘은 채소 종자의 국내 자급을 이룩하고 병이 없는 씨감자를 생산하여 식량난 해결에 크게 기여하였으며, 제주도의 감귤 재배에 결정적인 역할을 했다. 그는 연구 외에는 곁눈을 팔지 않았으며 늘 고무신에 잠바를 걸쳐 '고무신 할아버지' '고무신 박사'로 불리기도 했다.

1959년 8월 11일에 사망하여 농촌진흥청 구내 여기산에 묻혔으며 1999년에는 그의 업적을 기리기 위해 부산 동래구 온천동에 우장춘 기념관을 세웠다.

1948년 5월 10일

제1대 국회의원 선거 실시

1945년 12월, 모스크바에서 개최된 삼상회의의 결의에 따라 우리나라에 통합 정부 수립을 위한 '미소공동위원회' 설치가 결정되었다.

그러나 1947년 8월, 미소공동위원회가 결렬되자 미국은 우리나라의 독립 문제를 유엔에 상정하였다. 이에 따라 유엔 총회에서 우리나라 문제가 정식으로 심의되었다. 1948년 2월 26일 유엔 총회는 북한 지역을 제외한 남한만의 단독 총선거 실시 결의안을 채택하였다.

이 결의안에 따라 1948년 5월 10일, 제1대 국회의원 선거가 실시되었다. 첫 총선거는 95.5%의 높은 투표율을 기록하였으며 모두 198명의 국회의원이 선출되었다. 이승만의 독립촉성국민회의가 55명, 한민당 29명, 무소속 85명이 당선되었다. 5월 31일에는 선거 위원회의 소집에 의하여 최초로 국회가 개회하였다.

이날 남한 지역에만 선거가 치러짐으로써 한반도의 분단은 고착화되었고, 동족상잔의 비극이 시작되었다.

* **1948년 5월 31일 '우리나라 최초의 국회, 제헌 국회 개회' 참조**

1953년 5월 10일

「근로 기준법」 공포

1953년 5월 10일, 법률 제286호로 「근로 기준법」이 공포되었다.

우리나라 헌법은 근로자가 인간으로서의 존엄성을 확보할 수 있도록 근로 조건을 법률로 정하도록 규정하였는데 이에 따라 제정된 것이 「근로 기준법」이다.

이 법률은 사회적 · 경제적으로 지배적 위치에 있는 사용자가 그의 지위를 남용하여 근로 조건을 일방적으로 결정하는 것을 방지하는 데 그 일차적 목적이 있다.

근로 조건의 최저 기준을 정한 법률이 마련됨에 따라 경제적 · 사회적으로 약자인 근로자들의 실질적인 지위 개선과 보호를 위한 법적인 근거가 마련되었다.

「근로 기준법」은 제1장 총칙, 제2장 근로 계약, 제3장 임금, 제4장 근로시간과 휴식, 제5장 여자와 소년, 제6장 안전과 보건, 제7장 기능 습득, 제8장 재해 보상, 제9장 취업 규칙, 제10장 기숙사, 제11장 근로 감독관, 제12장 벌칙 등으로 되어 있다.

「근로 기준법」은 공포일로부터 90일 후에 실시되었으며, 이후 여러 차례 개정을 거쳐 1997년 법률 제5309호로 새롭게 제정된 뒤 2010년에 법률 제10366호로 일부 개정되었다.

* 1994년 5월 1일 '근로자의 날, 35년 만에 날짜 변경' 참조

5월의
모든 역사

5월 11일

■
■
■

1555년 5월 11일

을묘왜변이 일어나다

전라도 관찰사 김주가 치계馳啓하기를 '5월 11일에 왜선 70여 척이
달량 밖에 와서 정박했다가 이진포와 달량포에서 동쪽과 서쪽으로
나뉘어 육지로 상륙하여 성저城底의 민가를 불태워 버리고 드디어
성을 포위했다.' 하였다.

-『명종실록』

　을묘왜변乙卯倭變은 조선 명종 때인 1555년 5월에 왜선 70여 척이 전라도 강진, 영암 일대를 1차로 습격한 이후 그해 6월에 두 번째로 제주도를 습격해 약탈을 감행한 사건이다.

　을묘왜변의 원인은 왜구의 지속적인 약탈에 있었다. 조선은 1510년에 삼포왜란三浦倭亂, 1544년에 사량진왜변蛇梁鎭倭變 등 왜구들의 약탈이 계속되자 왜인들의 조선 입국을 엄격히 제한하였다. 이에 조선으로부터 물자를 보급 받아야 했던 왜인들이 여러 차례 조선에 서신을 보내 완화 조치를 요구하였다. 그러나 조선 정부는 이에 응하지 않았다.

　조선의 통제에 불만을 품은 왜구들은 1555년 5월 11일, 왜선 70여 척을 이끌고 전라남도 연안 지방을 습격하였다. 이들은 먼저 영암의 달량성, 어란포 등을 기습 공격하였다. 이어 민가를 약탈하고 불을 지르는 등 해남, 영암, 진도 일대를 쑥대밭으로 만든 뒤 장흥과 강진에도 침입하였다.

　왜구들의 기습 공격으로 순식간에 10개의 진이 함락되었다. 이때 전라병사 원적과 장흥부사 한온 등이 전사하였다. 이에 조정에서는 즉시 호조 판서 이준경을 도순찰사로, 김경석과 남치훈을 각각 방어사로 임명하고 왜구 토벌 작전에 나서 영암에서 크게 무찔렀다.

　그러나 6월 27일, 왜선 40여 척이 제주 앞바다에 닻을 내리고 1,000여 명의 왜인이 제주성을 포위하였다. 2차 침입이었다. 이때 민 · 관 · 군으로 구성된 제주 군대와 왜인들의 치열한 전투가 3일간 계속됐다. 목사 김수문金秀文이 군사 70명을 뽑아 왜구를 향해 직접 돌격해 왜구를 토벌함으로써 이 난은 끝이 났다.

　이로써 제주도를 장악하여 자신들의 본거지로 삼으려고 했던 그들의 꿈은 좌절되었고 이후 조선과 일본의 관계는 더욱 악화되었다.

조선과의 관계가 악화되자 대마도주는 이 난에 가담한 자의 목을 베어 사죄하고 세견선의 증가를 거듭 요청하였다. 이에 조선은 세견선 5척을 허락하였다. 그러나 이후에도 왜구의 침략은 줄어들지 않았고 왜구의 약탈은 임진왜란 발발 전까지 계속되었다.

한편 을묘왜변은 조선의 방위 체계를 더욱 강화하는 계기가 되어 비변사가 상설 기관으로서의 위치를 굳혔다.

* 1510년 4월 11일 '삼포왜란이 일어나다' 참조

1972년 5월 11일

청산리 전투의 영웅, 이범석 장군 서거

1972년 5월 11일, 청산리 전투의 영웅이며 광복군 참모장으로 조국 광복을 위해 일생을 보낸 이범석 장군이 심근 경색으로 사망했다.

이범석은 초대 총리, 국방 장관으로서 건군建軍의 기틀을 잡았으며 오늘날 국방 조직이 탄생하는 데 사실상의 산파 역할을 했다.

이범석은 1900년 10월 20일 서울에서 태어났다. 그는 1915년에 여운형을 만난 것을 계기로 조국 광복에 눈을 떠 중국으로의 망명을 결정하였다. 그해 11월 중국으로 망명한 이범석은 상하이에서 신규식, 신채호 등의 민족 지도자들을 만난 후 독립 운동에 투신하기로 결심하였다.

이범석은 1916년에 운남강무당雲南講武堂에 입학하여 수석으로 졸업하였고 1919년에는 신흥무관학교의 교관으로 취임하여 독립군 양성에 힘썼다. 1920년 10월에는 김좌진 장군과 함께 중대장으로 청산리 전투

에 참가하였다. 1주일 동안 청산리 계곡 일대에서 10여 차례의 교전 끝에 일본군을 괴멸시켰다.

1941년에는 한국광복군 참모장에 취임하였으며, 광복 직후 이승만을 만난 뒤에는 조선민족청년단을 창단해 건국과 창군 사업에 힘썼다.

조선민족청년단은 젊은 청년들의 호응이 커 창단 당시 공식 단원의 수만 200만 명에 이르렀다. 이 단체는 한국광복군의 총사령관이었던 지청천이 귀국해 결성한 대동청년단과 함께 당시 청년 운동의 양대 산맥을 이루었다. 이러한 이범석의 지도력을 경계한 이승만은 조선민족청년단 해산령을 내렸으나 그 영향력은 오랫동안 계속되었다.

1967년부터는 조국을 위해 할 수 있는 마지막 일이 '증언'을 남기는 것이라는 믿음으로 회고록을 쓰기 시작하여 『우둥불』을 남겼다. 그 외에 저서로는 『방랑의 정열』 『민족과 청년』 등이 있다.

* 1920년 10월 21일 '청산리 전투 시작' 참조

—

1999년 5월 11일

만민중앙교회 신도 방송국 난입 사건

—

"나는 하나님과 하나이고, 주님은 나를 좌편에 두어서 역사한다."
"내가 기도한 손수건을 병든 사람에게 얹기만 해도 질병이 낫는다."

-이재록

1999년 5월 11일 오후 11시10분께, 문화방송MBC의 PD수첩이 방송

시작 5분여 만에 중단되는 사상 초유의 방송 사고가 발생했다.

방송 역사상 처음으로 방송사 주조정실이 외부인들에 의해 점거되었기 때문이었다. 이 때문에 MBC는 급히 자연 다큐멘터리 프로그램으로 대체 방송을 내보냈다.

범인은 이재록 목사가 담임 목사로 재직 중인 만민중앙교회 신도들이었다. 이들은 '이단 파문 이재록 목사, 목자님 우리 목자님' 편이 방송되는 것을 막기 위해 이런 만행을 저지른 것이었다.

MBC 측은 사건 이튿날일 12일 오후 9시 뉴스에서 이 사건을 상세히 보도한 뒤 뉴스가 끝난 직후 경찰 11개 중대가 경비를 서는 가운데 프로그램을 다시 방송했다.

방송의 주요 내용은 이재록 목사의 종말론과 내세론, 그의 신격화에 대한 미화 등을 고발하는 내용이었다. 평소 15% 안팎의 시청률을 보이던 PD수첩은 800회 방송 중 최고 시청률인 39.6%를 기록하였다.

이 사건으로 적극 가담자 10여 명이 전파법 위반으로 구속되어 실형을 선고받았다.

1927년 5월 11일

한국 신소설의 대표 작가 이해조 사망

한국 신소설의 대표 작가 이해조가 1927년 5월 11일에 뇌내출혈로 사망하였다.

이해조는 1869년 경기도 포천에서 태어났다. 그는 어릴 때부터 한학을 배워 19세에 과거 초시에 합격했으나 신학문을 접하기 시작하면서 신소설 창작에 뜻을 두었다.

1906년 11월부터는 잡지 『소년한반도』에 소설 「잠상대」를 연재하면서 본격적인 문학 활동을 시작하였다. 또한 언론계에 종사하면서 「제국신문」과 「매일신보」 등을 통해 30편에 가까운 신소설을 발표하여 신소설의 대중화에 기여하였다.

이해조의 대표작이라고 할 수 있는 『자유종』은 봉건 제도를 비판한 정치적 개혁 의식이 뚜렷한 작품이다. 특히 여성의 사회적 지위 향상, 사회 풍속의 개량 등 개화 의식이 뚜렷하다. 형식 면에서도 토론 형식을 빌려 이야기를 전개하는 등 새로운 신소설의 양식을 보여 주었다.

이 외에도 부패 관리의 부정을 폭로한 소설인 「화花의 혈血」을 비롯하여 「빈상설」 「춘외춘」 등의 많은 작품들을 남겼다. 모두 봉건 부패 관료에 대한 비판, 여권 신장, 신교육, 개가 문제, 미신 타파 등 근대적 의식과 계몽성을 담고 있다.

특히 이해조는 근대적 사상을 바탕으로 신소설 확립에 뚜렷한 공적을 남겼다.

—

2001년 5월 11일

법원, 동아건설에 파산 선고

—

동아건설에 대한 1조원 이상의 금융단 협조 융자와 2년 이상의 기업 개선 작업에도 불구하고, 채무가 자산을 1조 5,000억 원 이상 초과함으로써 청산하는 것이 계속 운영하는 것보다 낫다.

-서울지방법원

동아건설은 1945년 충남토건사로 설립되어 1972년 1월 동아건설사
업주식회사로 상호가 변경된 종합 건설 회사이다.

동아건설은 설립 이후 도로, 교량, 항만, 원자력 발전소 등 주로 국가
기간산업 분야에의 건설을 맡았다. 특히 1983년 11월에는 단일 공사로
는 세계 최대 규모의 리비아 대수로 공사를 수주하여 전 세계를 놀라게
하였다.

그러나 동아건설은 2000년 10월, 채권단이 자금 지원 중단 및 워크
아웃 중단을 결의함에 따라 법정 관리 대상 기업으로 결정되어 퇴출 위
기를 맞았다.

그 후 2001년 5월 11일에 파산 선고를 받았으며 2008년에 프라임산
업에 인수되었다.

5월의
모든 역사

5월 12일

■
·
■

1919년 5월 12일

김규식, 파리강화회의에 독립청원서를 보내
한국의 독립을 청원하다

"본래 우리의 독립은 평화 회의나 모종의 유력한 단체로부터 승인을 받든지, 첩지帖紙를 내어 주듯 할 것이 아니오. 우리의 최고 기관으로부터 각 단체 또는 전 민족의 합심과 준비 여하에 달렸나니, 이 것이 있으면 우리에게 독립이 있고, 그렇지 않으면 우리에게는 파멸이 있을 따름이오. 고로 금일 우리 민족은 그 멸취滅取의 기로에 서 있는 것이오."

-김규식, 「1921년 1월 상해 환영회 석상에서의 연설」

독립운동가 김규식은 1881년 1월 29일, 부산 동래구에서 태어났다.
김규식은 조선의 문신이었던 김지성의 아들로 부친은 선진관宣傳官과 외
교 관리를 역임했다.

부친은 당시 일제에 의해 자행된 불평등 무역의 부당함을 지적하고
이 같은 행위의 시정을 요구하는 상소를 올렸다가 귀양을 갔다. 어머니
는 그 충격으로 세상을 떠나 김규식은 4세의 어린 나이에 고아가 됐다.
이후 작은아버지의 집으로 보내졌으나 형편이 어려워 함께 살지 못했
다. 1894년에는 할아버지와 큰 형마저 사망하여 완전히 고아가 되었다.

그 후 김규식은 미국인 선교사 언더우드에게 입양되어 서양식 근
대 교육을 받았다. 그의 나이 20세가 되던 해인 1897년에는 미국 버지
니아 주에 있는 로녹 대학교 예과에 입학하여 1년 만에 우수한 성적으
로 예과를 졸업하였다. 본과에 입학해서도 전 과목 평균 90점 이상을
기록하였으며 특히 라틴어, 불어, 독일어 등 외국어 실력이 매우 뛰어
났다. 이것은 훗날 김규식이 파리강화회의의 한국 대표로 선발되는 데
큰 영향을 미쳤다.

1918년 8월에는 여운형, 조소앙 등이 조직한 신한청년당에 가입하였
다. 당시 신한청년당은 한국의 독립 호소를 위한 준비를 하고 있었다.

김규식은 1919년 2월에 한국 대표로 파리강화회의에 파견되어 3월
13일에 프랑스 파리에 도착하였다. 4월에 중국 상하이에서 대한민국
임시정부가 수립되자 김규식은 외무총장 겸 강화회의 파리 대표 위원
으로 임명되었다. 이어 파리 위원부에 통신국을 세우고 회보를 발간하
여 3·1 운동 등 한국 독립 운동에 관한 소식을 세계만방에 알렸다.

마침내 1919년 5월 12일에는 「한민족의 일본으로부터의 해방과 한
국의 독립 국가로의 복귀에 관한 청원서」와 「한민족의 주장」을 파리 강

화회의에 보내 한국 독립의 필연성을 호소하였다. 이때 김규식은 역사
적 사례와 국제법 등을 바탕으로 일제의 침략 행위를 비판하고 한국 독
립의 당위성을 역설하였다.

그러나 열강들의 비협조적인 태도로 결국 한국의 독립 문제는 상정
되지 못했다. 하지만 파리강화회의가 끝난 뒤에도 「한국의 독립과 평
화」 등의 선언서를 발표하며 각국의 대표들을 만나 한국 독립의 중요
성을 역설했다. 이후 1921년 1월에 상하이로 돌아와 임시정부에 합류
했다.

광복 이후에는 임시정부의 일행들과 함께 귀국하여 새로운 국가 건
설의 기틀을 마련하는 데 힘썼다. 그해 12월 모스크바 삼상회의에서 신
탁통치에 관한 의견이 전해지자 신탁통치 반대 운동에 앞장섰다.

1948년에는 국제 연합에 의한 남한만의 단독 총선거를 반대하고 통
일 정부 수립을 위해 노력하였다. 그해 4월에는 김구와 함께 북한에 가
서 남북 협상을 시도하였으나 실패하여 끝내 민족 분단 상황을 지켜보
게 되었다.

그 후 정치 활동에서 은퇴하였으며 1950년 6·25 전쟁 때 납북되었
다가 평안북도 만포진에서 그해 12월 10일에 눈을 감았다.

1989년에 건국훈장 대한민국장이 추서되었다.

* **1923년 5월 24일 '김규식, 만주에 고려혁명군 조직' 참조**

1905년 5월 12일

구한말 외교관 이한응, 영국에서 자결

구한말의 외교관 이한응은 1901년 3월 영국과 벨기에 주차駐箚 공사관 3등 참사관에 임명되었다. 그는 주영공사駐英公使 민영돈과 함께 영국 런던에 부임하여 1903년에는 통정대부通政大夫에 올랐다. 이듬해 민영돈이 귀국하자 서리공사로 승진하였다.

이한응은 1904년 제1차 한일 협약이 체결된 이후 국내 정세가 급격하게 위축되자 공사의 신분으로 영국에 공한公翰을 보냈다. 한국의 독립과 주권 그리고 영토 보장 등을 청원하는 내용을 담아 영국 외무성에 보냈던 것이었다.

그러나 영국은 이 같은 요청을 묵살하였다. 영국은 이미 일본과 영일 동맹을 체결하여 일본의 한반도 침략을 승인하고 있었기 때문이었다.

1905년 5월 12일, 영국의 냉담한 태도에 실망한 이한응은 기울어가는 국운을 비관하여 공사관에서 목을 매었다.

유해는 고향인 경기도 용인에 안장되었으며, 종2품 가선대부 내부협판에 추서되어 장충단에 배향되었다.

1962년에 건국훈장 독립장이 추서되었다.

1984년 5월 12일

교육부, 「고교 국어 문법 통일안」 발표

1984년 5월 12일, 문교부 고시로 「고교 국어 문법 통일안」이 마련되었다.

새로 확정된 「고교 국어 문법 통일안」은 국어 학계의 연구 업적이 두루 반영되었다. 1963년 학교 문법 통일안에서 확정된 9품사 체계의 252개의 용어를 그대로 살렸으며, 음성론과 문장 부호는 고유 용어를, 품사론과 문장론은 한자어 용어를 사용하는 절충식을 따르기로 했다.

문장의 종류는 단문, 중문, 연합문 포유문 등으로 나누던 것을 홑진 문장, 이어진 문장, 안은 문장, 안긴 문장 등으로 명칭을 바꿨다. 서술문은 평서문으로 바꾸어 의문문과 감탄문으로 구분하였다.

특히 문장의 기능과 의미는 그 문장이 이뤄지는 구체적인 맥락 속에서 파악하도록 하였다. 이 밖에도 '한 바' '할 수' 등의 '바'와 '수'는 그동안 형식 명사, 불완전 명사 등으로 썼으나 이들의 명칭을 의존명사로 변경하였다.

이에 따라 모두 5종인 검인정 문법 교과서가 단일 교과서에 의해 통일된 문법 체계를 갖추게 되었다.

1962년 5월 12일

남산 케이블카 개통

1962년 5월 12일, 서울 남산에 '은하수'와 '무지개' 라는 두 대의 케이블카가 개통되었다.

남산 케이블카는 1961년 9월에 한국삭도공업주식회사가 2억 9,000여 만 원을 들여 준공한 것이었다. 약 600m 거리를 평균 초속 3.2m로 운행하였으며 산 아래 회현동 승강장에서 예장동 승강장에 닿을 때까지 약 3분 정도가 소요되었다.

남산 케이블카는 개통 이후 하루도 쉬지 않고 운행되어 국내 최장수 케이블카로 서울의 명물이 되었으나 1990년대에 이르러 그 인기가 잠시 시들해졌다.

그러나 2000년대 들어 서울시와 민간단체들이 '남산 제 모습 찾기' 운동을 벌여 남산 주변이 재정비되면서 다시 이전의 명성을 되찾았다.

1956년 5월 12일

우리나라 첫 TV 광고 시작

1956년 5월 12일, 우리나라 최초의 TV 방송국인 HLKZ-TV의 개국일에 맞춰 첫 TV 광고가 전파를 탔다.

HLKZ-TV는 미국 RCA사의 한국 지사를 맡은 황태영 씨가 미국과 제휴하여 설립한 것이다. 첫 TV 광고는 유니버셜 레코드의 광고로 '최고의 전통, 최고의 기술을 자랑하는 유니버셜의 깨지지 않는 레코드가 나왔습니다.'라는 광고 문구가 사용됐다.

당시 유행했던 춤바람을 반영하여 남녀가 레코드 위에서 춤을 춰도 깨지지 않는다는 내용의 광고였다. 이로써 우리나라는 세계에서 15번째, 아시아에서는 필리핀, 일본, 태국에 이어 4번째 TV 방송국 보유국이 됐다.

그 후 1961년에는 국영 KBS TV가 설립되어 1963년 1월부터 광고 방송을 시작했으며 이어 1964년 12월에는 TBC TV, 1969년 8월에는 MBC TV가 개국하여 방송 광고를 했다.

5월의
모든 역사

5월 13일

1649년 5월 13일

조선 제17대 왕, 효종이 즉위하다

아, 복수하여 수치를 씻는 것이 참으로 선왕(인조)의 훌륭한 뜻이
었으나 더불어 일을 도모할 만한 사람이 없어서 끝내 그 뜻을 펴지
못하셨으니, 어찌 오늘날 마땅히 유념해야 할 바가 아니겠습니까.
신이 바라는 바는 성명께서 두려운 마음으로 깨달으시어 유사에게
특별히 명하여 연호를 아울러 쓰지 못하게 하고, 모든 상장喪杖의 제
축祭祝도 연월만을 사용하게 하여 선왕 생전의 그 마음을 드러내는
것입니다.
그렇게 한다면 선왕의 뜻과 대업을 이으시는 전하의 효도가 하늘
과 신명을 감격시켜 후세에 영원토록 할 말이 있게 될 것입니다.

-『효종실록』

1636년 12월, 청 태종이 12만 대군을 이끌고 서울에 다다르자 인조는 급히 남한산성으로 피신하였다. 이곳에서 약 한 달 반 동안 저항했지만 더 이상 버티지 못하고 삼전도에 내려가 청나라에 항복하였다. 이른바 '삼전도의 굴욕'이었다.

인조의 항복을 받은 청 태종은 소현 세자, 봉림 대군, 인평 대군 그리고 오달제 등 척화론의 주모자들을 인질로 삼아 심양으로 끌고 갔다. 실로 견디기 힘든 치욕적인 순간이었다. 소현 세자 일행은 10년 가까이 볼모로 잡혀 있다가 다시 귀국하였다.

그러나 소현 세자는 귀국 후 두 달 만에 의문의 죽음을 당했다. 이 때문에 항간에서는 독살설이 난무했다. 세자가 죽었으므로 이제 누구를 새로운 왕위 계승자로 세울 것이냐가 문제였다. 순리대로 한다면 소현 세자의 아들이 세손이 되어야 했으나 인조와 김자점 등은 관례를 무시하고 봉림 대군을 세자로 책봉하였다.

봉림 대군은 심양에 있을 때 형 소현 세자와는 달리 반청주의를 고수하였는데 아마도 이 점이 인조의 마음을 움직였던 모양이다. 인조가 세상을 뜨자 세자인 봉림 대군이 왕위에 올랐다. 이가 바로 효종이다.

1649년 5월 13일에 창덕궁 인정전에서 효종의 즉위식이 거행되었다. 효종이 치세 동안 가장 역점을 두었던 정책은 바로 북벌이었다. 이것은 오랑캐인 청나라를 정벌하여 옛날의 치욕을 씻고 명나라의 원수를 갚자는 것이었다.

효종은 볼모로 있을 때 여러 곳으로 끌려 다니면서 온갖 고생을 겪었기 때문에 청나라에 반감이 많았다. 또한 자신의 왕위 계승이 무리하게 이루어졌기 때문에 북벌과 같은 명분 있는 정책을 통해 약점을 극복하려는 목적도 있었다.

그리하여 효종은 북벌을 함께 도모할 수 있는 세력으로 김집과 송시열, 송준길 등에 주목하였다. 효종은 왕위에 오르자마자 이들을 서둘러 등용하였다. 아울러 조정에서 친청파들을 제거하는 작업을 진행시켰다. 이때 친청파를 대표하는 인물은 김자점이었다. 그는 사은사로 수차례 왕래하면서 청나라의 환심을 샀다. 송준길 등은 이런 김자점의 비리를 들춰 그를 탄핵하고 유배하는 데 성공했다.

그러나 김자점은 이에 앙심을 품고 청나라에 사람을 보내 효종과 송시열 등이 청나라를 치려 한다고 고발했다. 이 때문에 조선과 청나라 사이에 잠시 긴장이 흘렀다. 김자점은 1651년에 조귀인과 짜고 역모를 꾀하다 미리 발각되는 바람에 결국 사형당하고 말았다.

김자점의 역모를 기회로 친청 세력을 모두 제거한 효종은 본격적으로 북벌 사업을 추진했다. 우선 어영청과 훈련도감을 개편하여 군사를 증강시키고 왕과 궁궐을 호위하는 금군에는 기마대를 두었다. 지방군의 핵심이었던 속오군의 조직도 강화하였다.

효종은 이완을 어영대장과 훈련대장으로 임명하여 북벌의 대임을 맡겼는데, 하루는 자정이 넘은 깊은 밤에 그를 불러냈다. 이완이 급히 말을 달려 대궐 앞에 이르자 어디선가 갑자기 화살이 날아와 등에 박혔다. 이완은 아무 일도 없다는 듯 그대로 왕 앞에 나갔다. 이에 효종은 이완에게 어찌하여 화살을 맞고서도 피가 나지 않느냐고 물었다. 이완이 잘 때에도 항시 갑옷을 입는다고 아뢰니 효종이 기뻐하였다.

이 일화는 북벌을 위해 임금과 신하가 얼마나 긴장하고 살았는지를 잘 보여 주는 대목이다. 효종은 북벌을 뒷받침하기 위해 군비 확장에 온 힘을 쏟았다. 그러나 당시 조선의 국력으로 볼 때, 청나라는 현실적으로 너무나 높은 산이었다. 이 때문에 한쪽에서는 북벌보다는 전쟁으로 파탄이 된 경제를 재건해야 한다는 목소리도 높았다. 이런 가운데 효종이 재위 10년 만인 1659년 5월 4일, 갑자기 숨을 거두었다. 자연히 북벌의 열기는 가라앉을 수밖에 없었다.

결국 북벌은 한 번도 이루어지지 못한 채 지도상의 계획으로만 끝나고 말았다. 북벌 계획이 왕과 서인들의 권력 강화에만 기여한 것이 아니냐는 싸늘한 평가가 나오는 것도 바로 이 때문이다.

그러나 효종의 북벌에 대한 의지와 노력만큼은 그 진정성을 인정해도 좋을 듯싶다.

* 1636년 12월 9일 '병자호란이 일어나다' 참조
* 1637년 1월 30일 '삼전도의 굴욕' 참조

1618년 5월 13일

조선의 문신 이항복, 유배지 북청에서 사망

'관포지교管鮑之交'는 관중과 포숙의 사귐이라는 뜻으로 돈독한 우정을 나타낼 때 쓰는 말이다. 우리나라에도 이들 못지않은 우정을 자랑하는 설화가 있는데 바로 오성 이항복과 한음 이덕형의 우정 이야기인 '오성과 한음'이다.

오성 이항복은 1556년에 형조판서와 우참찬을 지낸 이몽량의 넷째 아들로 태어났다. 그는 어려서부터 영리함이 남달라 25세에 알성시에 급제하여 승문원 부정자로 벼슬을 시작했다. 1592년에 임진왜란이 발발하자 이항복은 더욱 빛을 뿜었다.

1593년에 평양이 함락되자 선조는 명나라에 구원병을 요청하였다. 그러나 명나라는 조선의 요청에 뜸을 들이고 있었다. 조선이 일본을 끌어들여 자신들을 치는 게 아닐까 의심한 탓이었다. 이때 이항복은 일본이 보낸 문서를 명나라 사신에게 보여줘 오해를 풀었고 그 길로 구원병의 파견이 이루어졌다.

이항복은 병조판서와 이조판서 등 여러 직책을 겸하여 국사를 살피는 한편 명나라 사절의 접대도 도맡았다. 임진왜란이 끝나고 얼마 지나지 않아 이항복은 '일인지하 만인지상一人之下 萬人之上'이라는 영의정의 자리에 올랐는데 당시 40대 중반의 한창 젊은 나이였다.

그러나 선조의 뒤를 이어 광해군이 즉위한 후 이항복의 삶은 가시밭길의 연속이었다. 북인들의 살벌한 정적 죽이기가 계속되면서 거기에 반대한 이항복은 공격의 표적이 되었다.

인목 대비를 서궁에 유폐하고 서민으로 강등시키려는 논의가 일자 이항복은 이를 간곡히 반대하는 상소를 올렸다. 이로 인해 결국 모든 관직이 삭탈되고 북청에 유배되었다.

그리고 1618년 5월 13일, 유배지에서 쓸쓸히 눈을 감았다. 귀양길에 철령을 넘으며 남겼다는 그의 시에는 억울한 마음이 고스란히 배어 있다.

철령 높은 봉에 쉬어 넘는 저 구름아,

고신원루를 비삼아 띄워다가,

임 계신 구중심처에 뿌려 본들 어떠리.

—

1913년 5월 13일

안창호, 샌프란시스코에서 흥사단 창립

—

흥사단의 결성은 1911년 10월에 발생한 '105인 사건'에서 비롯되었다. 105인 사건은 데라우치 총독 암살 음모를 근거로 신민회 회원을 체포한 사건으로 이로 인해 황해도, 평안도, 함경도 지방 일대의 항일 인사들이 대거 투옥되었다.

이 사건 이후 항일 운동은 크게 두 방향으로 전개되었다. 이시영과 이동휘 등은 만주로 이동하여 무장 항쟁을 준비하였고 안창호와 이승훈 등은 실력 양성론에 입각한 항일 운동을 전개하였다.

1913년 5월 13일, 안창호는 미국 샌프란시스코에서 조병옥, 홍언 등을 창립 위원으로 위촉하고 흥사단을 창립하였다.

흥사단은 민족의 힘을 기르는 데 목표를 두고 지덕체智德體 위주의 동맹 수련을 강조하였다. 또한 3·1 운동 등에 참여하여 독립운동에 기여하였다.

그러나 흥사단은 1937년 6월 6일에 발생한 수양 동우회 사건을 계기로 해체되었다. 그 후 흥사단은 1948년에 본부를 서울 대학로로 옮기고 재조직되었다.

1989년에는 흥사단 부설 '도산 아카데미 연구원'이 설립되었으며 2000년에는 행정자치부에 '사단법인 도산아카데미'로 등록하였다.

* 1911년 10월 12일 '105인 사건이 발생하다' 참조
* 1937년 6월 6일 '수양 동우회 사건이 발생하다' 참조

1988년 5월 13일

가락동 농수산물 도매 시장 개장

한국 최대 규모의 농수산물 도매 시장인 가락동 농수산물 시장은 1980년 4월에 서울시가 농수산물 도매 시장 건설 계획을 수립함에 따라 건설되었다.

서울 송파구 가락동에 부지 면적 54만 7,265m²에 건물 면적 19만 7,142m²를 건설하기로 하고 총 공사비 933억 원을 들여 1982년 4월부터 공사를 시작하였다.

착공 6년 만인 1988년 5월 13일에 드디어 가락동 농수산물 도매 시장이 문을 열었다. 시장은 청과 시장, 채소 시장, 수산 시장, 축산 시장, 직판 시장, 냉동 창고, 축산물 직판장, 주차장 등으로 구분되어 있으며 시장의 관리는 서울시 농수산물 도매 시장 관리 공사가 맡았다.

가락동 농수산물 도매 시장은 대량 신속 유통을 통해 유통 효율성을 증대시켜 유통 체계의 구조적 개선에 기여하였다.

5월의
모든 역사

5월 14일

2004년 5월 14일

헌법재판소, 노무현 대통령 탄핵소추안을 기각하다

"개헌 저지선까지 무너지면 그 뒤에 어떤 일이 생길지는 나도 정말 말씀드릴 수가 없다."

-2004년 2월 18일, 경인 지역 6개 언론사와 가진 대통령 합동 회견

"국민들이 총선에서 열린우리당을 압도적으로 지지해줄 것을 기대한다. 대통령이 뭘 잘 해서 우리당이 표를 얻을 수만 있다면 합법적인 모든 것을 다 하고 싶다."

-2004년 2월 24일, 방송기자클럽 초청 대통령 기자 회견

2004년 3월, 대한민국 제16대 국회가 노무현 대통령의 탄핵소추안을 통과시켰다.

이 사건은 새천년민주당 조순형 대표의 특별 기자 회견에서 비롯되었다. 조순형 대표는 기자 회견을 통해 대통령이 선거 중립 의무 위반과 측근 비리 등에 사과하고 재발 방지를 하지 않을 경우 탄핵소추안을 발의하겠다고 밝혔다.

그러나 노무현 대통령은 사과를 거부하였다. 이에 한나라당과 새천년민주당이 공동으로 탄핵소추안을 국회에 제출하였다. 이들은 노무현 대통령에 대해 선거법 위반 등 국법 문란, 측근 비리 등 부정 부패, 경제와 국정 파탄이라는 3가지 이유를 들어 탄핵소추안을 발의하였다.

탄핵소추안은 3월 11일 오후에 처음으로 국회에 상정되었으나 열린우리당의 저지로 무산되었다. 이튿날 여야 의원들의 대치 상황이 이어지는 가운데 박관용 국회의장이 본회의장에 들어와 경호권을 발동하고 곧바로 탄핵소추안을 상정해 무기명 투표에 들어갔다. 이날 실시된 본회의에서 야당 의원 195명 중 193명의 찬성으로 탄핵소추안이 가결되었다. 이로써 대통령의 직무가 정지되었고 고건 총리가 그 권한을 대행했다.

노무현 대통령의 탄핵소추안 가결과 동시에 그 타당성을 둘러싼 논쟁이 시작되었다. 탄핵소추안 발의와 관련하여 실시된 한 여론 조사 결과 탄핵 반대는 65.2%, 찬성은 30.9%였다. 국민의 의견을 무시한 채 벌어진 탄핵 사태에 시민들은 분노했다. 이어 각종 시민 단체들은 탄핵안 철회 운동에 돌입하였다. 민주 사회를 위한 변호사 모임과 대한 변호사 협회 등의 단체들도 탄핵 철회를 촉구하며 결의문을 채택하는 등 전국이 탄핵 사태로 몸살을 앓았다.

서울을 비롯한 부산, 대구, 광주 등지에서 탄핵을 반대하는 집회가
계속되었다. '탄핵 무효 부패 정치 청산을 위한 범국민 행동'은 13일 저
녁 광화문 촛불 집회를 시작으로 20일에는 '탄핵 무효를 위한 100만인
대회'를 열었다. 이 대회는 국내외 43개의 지역에서 열렸다. 대회에 참
가한 시민들은 탄핵소추안에 찬성표를 던진 193명의 야당 의원을 향해
탄핵 무효를 외쳤다.

탄핵 반대의 불길은 해외로까지 번졌다. 미국, 캐나다, 독일 등에서도
한국 교민과 유학생 들이 촛불 시위 및 1인 시위를 열어 탄핵소추안 가
결을 규탄했다.

한편 헌법재판소는 3월 30일부터 4월 30일까지 소추 위원 측과 피청
구인 측 변호사, 그리고 그들이 요청한 증인들을 출석시켜 모두 7차례
변론을 진행하였다. 현직 대통령에 대한 헌법재판소의 탄핵소추안 심
판은 유사 이래 처음이었다.

2004년 5월 14일, 헌법재판소는 기자 회견 등에서 여당을 지지하는
발언, 신임 투표를 제안한 것, 공직 선거법을 폄하한 것 등은 헌법을 위
반한 것으로 판단했다. 그러나 그 위반 정도가 탄핵의 사유가 될 정도
로 중대하지는 않다고 판단하여 소추안에 대해 기각 결정을 내렸다. 또
한 야당이 주장한 불성실한 국정 수행이나 경제 파탄 등은 탄핵 사유가
될 수 없다고 판단했다. 이로써 노무현 대통령은 권한 정지가 즉시 해
제되어 63일 만에 대통령직에 복귀했다.

이 사건 당시, 이른바 '탄핵 역풍'이 불었다. 4월 15일에 치러진 대한
민국 제17대 국회의원 선거에서 열린우리당이 152석을 얻어 민주화 이
후 최초로 역대 국회의원 선거에서 여당이 원내 과반을 차지하였다. 반
면에 새천년민주당을 비롯한 야당 내 탄핵을 주도한 정치인들은 대부

분 정치 일선에서 물러났다.

___
2005년 5월 14일

박수근 화백 40주기 기념전 개최
___

2005년 5월 14일 박수근 40주기 기념전이 강원도 양구군 박수근 미술관에서 개최되었다. 이 기념전에서는 「절구질하는 여인」 「수하」 등 미공개작 2점도 처음으로 일반에 공개되었다.

박수근은 1914년 강원도 양구에서 태어났다. 그는 어릴 때부터 유난히 미술에 관심을 보였다.

박수근이 화가가 되기로 결심한 결정적 계기는 12세 때 어느 집 처마에 걸린 프랑스 화가 밀레의 「만종」을 보고 난 후였다. 그는 밀레 같은 화가가 되게 해달라고 열심히 기도했지만 화가의 길은 그리 순탄치 않았다. 아버지가 경영하던 광산업이 실패하자 박수근은 상급학교 진학을 포기하고 독학을 통해 화가의 꿈을 이루기로 결심하였다.

박수근은 1932년 조선미술전람회에 「봄이 오다」라는 작품을 출품하여 입선하였다. 이후 1936년부터 1943년까지 입상은 계속되었다. 그의 출품작들은 주로 농촌의 풍경과 농민들의 삶을 주제로 하였다. 이러한 경향은 죽을 때까지 계속되어 박수근은 농민 화가 또는 서민 화가로 인식되었다.

한편 혼신을 기울여 그린 「세 여인」이 국전에서 낙선하자 박수근은 절망의 수렁에 빠졌다. 계속되는 과음으로 왼쪽 눈이 실명되고 간경화도 심해져 결국 1965년에 세상을 떠났다.

박수근의 작품은 사후 재평가가 이루어졌다. 살아서는 그다지 주목받지 못했던 작품이 죽고 나서야 비로소 그 가치를 인정받기 시작한 것이다. 그는 가난하고 소외받는 이웃을 소재로 하여 자신의 독창적인 세계를 구축해 갔다. 그는 단순한 형태로 대상의 본질을 부각시켰으며 평면적이면서도 질감을 두텁게 하는 방식으로 사물을 표현해 냈다. 그래서 그의 그림은 화강암 바위에 새겨진 마애불처럼 따뜻하고 토착적이라는 평가를 받았다.

대표적인 작품으로는 「절구질 하는 여인」 「아기 업은 소녀」 「빨래터」 등이 있다.

1452년 5월 14일

조선의 제5대 왕, 문종 병사

조선의 제5대 왕 문종은 세종의 맏아들로 나이 8세에 세자로 책봉되었다.

세종이 병상에 자주 눕게 되자 첨사원을 설치하고 왕세자에게 서무재결권을 넘겨주었는데, 이로 인해 문종은 1442년부터 1450년까지 8년간 섭정을 통해 국정을 운영하게 되었다. 세종은 이 기간 동안 국가의 중대사를 제외한 모든 서무에 대해 세자의 결재를 받도록 했다.

문종은 세종이 붕어하자 1450년에 37세의 나이로 왕위에 올랐다. 문종은 왕위에 오른 후 『동국병감』 『고려사』 『고려사절요』 『대학연의주석』 등을 편찬케 하여 체제 정비에 힘썼다.

특히 군정에 관심이 많았던 문종은 『동국병감』을 편찬하여 병법을 정비하였다. 또한 군제 개혁안을 마련해 총 12사로 분리되어 있던 군제를 5사로 집약시키고, 군제상의 세세한 부분들을 개선하고 보완하였다.

한편 정도전 등이 편찬한 『고려국사』를 여러 차례 개찬하도록 명하여 1451년에는 『고려사』를 완성하였다. 기전체의 『고려사』가 완성된 직후 새로이 편년체 편찬에 착수하여 1452년에는 『고려사절요』를 완성하였다. 『고려사』와 『고려사절요』는 조선 왕조의 정치 · 제도 · 문화의 정리를 위해 중요한 의의를 가진 사업이었다.

그러나 허약한 몸으로 왕위에 올랐던 문종은 재위 2년 4개월 만인 1452년 5월 14일에 병사하였다.

문종의 치세는 비록 2년으로 짧았지만 그는 대체로 강함과 유연함을 동시에 구사하는 정책을 폈다. 그는 재위 기간 동안 여러 가지 치적들을 남겼는데 이 때문에 세종 후반기의 정치적 업적은 문종의 것이라고 해도 과언이 아니다.

—

1998년 5월 14일

한글판 『조선왕조실록』 발견

—

『조선왕조실록朝鮮王朝實錄』은 조선 태조 때부터 철종 때까지 25대 472년 동안의 역사적 사실을 편년체로 기술한 역사서이다.

이 책은 우리나라 국보 제151호로 1997년에 유네스코 세계 기록 유산으로 지정되었다.

1998년 5월 14일에는 한글로 제작된 『조선왕조실록』이 발견되었다.

한국 정신문화연구원 국어학 자료팀에 의해 공개되었는데 구한말인 1908년경에 제작된 것으로 추정된다.

이 책은 대한제국 황실이 '왕조 정사'를 한글로 번역한 것으로 『조선왕조실록』 중 제18대에서 제25대에 이르는 현종에서 철종 대의 기사를 발췌해 한글로 번역한 실록 초본이다. 그 내용은 인명만 한자로 되어 있고 나머지는 순 한글이며 왕의 등극, 사망, 왕세자 책봉, 종묘사직 제사, 정치 사건 등이 편년체로 서술되어 있다.

—

2005년 5월 14일

학생인권수호 전국네트워크, 두발 제한에 반대하여 거리 축제 개최

—

두발 제한은 개인의 머리 모양과 길이 등에 규정을 두어 제한하는 것으로 이에 대한 논란은 1960년대부터 계속되었다.

1982년에는 교복 자율화와 함께 청소년의 두발 자유화가 시행되어 두발 규정은 조금씩 약화되었다. 그러나 이 규정은 이전의 기준을 완화한 것으로 여전히 길이에 대한 제한 규정을 두었으며, 학교별 규정이 존재하여 꾸준히 논란이 되었다.

2005년 5월 14일 오후 3시, '학생인권수호 전국네트워크'가 서울 광화문에서 '두발 제한 폐지와 학생 인권 보장을 위한 거리 축제'를 개최했다. 이들은 두발 제한을 '학생들의 인권을 억압하는 비민주적 행위'로 규정하고, 다음과 같은 내용을 주장하였다.

1. 교사들이 학생의 머리를 근거 없이 강제로 자를 경우 똑같은 징계로 처리

2. 학생 인권 침해 발언 시 공개 사과 및 화장실 청소

3. 사전 동의 없이 수업을 빼먹을 경우 결근 및 감봉 처리

이들은 거리 축제 이후에도 '두발 제한 폐지 서명 운동' 등을 통해 학생 인권 보장을 위한 활동을 계속하고 있다.

1976년 5월 14일

남산 3호 터널 기공식 개최

1976년 5월 14일, 국내 최장 길이 터널인 남산 3호 터널의 기공식이 열렸다.

남산 3호 터널은 서울 용산구 용산동에서 중구 회현동을 잇는 길이 1,270m의 터널로 왕복 4차로의 쌍굴형 터널이다.

이 터널은 터널 양쪽 입구에 200마력의 송풍기 4대를 비롯해 소화전, 소화기 등이 배치되어 비상시 대피 시설로 활용될 수 있도록 준공되었다. 총 공사비는 97억 5,000만 원이 투입되어 착공 2년 만인 1977년 3월에 완공되었다.

남산 3호 터널의 개통으로 제1한강교의 교통량이 분산되어 도심에서 강남 지역까지 소요 시간이 30분가량 단축되었으며 이로 인해 강남권 개발이 가속화되었다.

5월의
모든 역사

5월 15일

1712년 5월 15일

백두산정계비를 세우다

"총관 목극등이 '그대가 능히 두 나라의 경계를 밝게 아는가?'하므
로 답하기를, '비록 직접 눈으로 보지 못하였지만 장백산 산마루에
대지(大池 : 백두산 천지)가 있는데, 서쪽으로 흘러 압록강이 되고 동
쪽으로 흘러 두만강이 되니, 대지의 남쪽이 곧 우리나라의 경계이
며, 지난해에 황제께서 불러 물으셨을 때에도 또한 이것으로 우러
러 답하였습니다.'고 하였습니다. 또 '빙거憑據할 만한 문서가 있는
가?'라고 묻기에 대답하기를, '나라를 세운 이래로 지금까지 유전流
傳해 왔으니 어찌 문서가 필요하겠습니까.' 하였습니다."

-『숙종실록』

최근 중국은 '동북공정'이라는 대규모 프로젝트를 통해 고구려를 중국사의 일부분으로 편입하는 작업을 수행해 왔다. 자신들은 일본의 역사 왜곡을 강하게 비판하면서 남의 역사는 자기들 입맛에 맞게 조작하는 이중성을 드러낸 것이다.

그런데 많은 전문가들은 중국이 동북공정을 추진하는 핵심 목적이 사실은 고구려사가 아니라 간도 문제라고 지적한다. 고구려사는 그저 수면 위로 드러난 빙산의 일각이라는 것이다. 남북통일 이후 통일한국이 들어서면 간도는 언제든지 영토 분쟁이 일어날 지역이라 지금부터 미리 손을 쓰고 있다는 해석이다. 이처럼 간도가 영토 소유권에서 다툼의 여지가 있게 된 것은 '백두산정계비'의 역할이 크다. 바로 '토문'이라는 문제의 용어 때문이다.

백두산은 일찍부터 우리 한국인들에게 신성한 산으로 받들어져 왔다. 그런데 명나라에 이어 새로이 중국을 접수한 청나라는 백두산을 장백산이라 부르고 자신들의 발상지라며 성역화시켰다. 심지어 담당 관리들이 이곳에 출입할 때 오줌과 똥을 담을 수 있는 용기를 휴대하게 할 정도로 신성시했다. 이처럼 청나라는 백두산에서 봉황성 일대를 봉금封禁 지대로 묶어 사람들의 출입을 엄격히 제한했다. 자연히 이곳은 사람이 살지 않는 무인 지대가 되었다.

그런데 문제는 이 지역이 산삼의 보고라는 점이었다. 이 때문에 산삼을 캐기 위해 자주 국경을 넘는 일이 생겼다. 그리고 이곳에서 벌어진 살인 사건을 계기로 조선과 청나라 사이에 국경 문제가 본격적으로 제기되었다.

1710년에 조선인 심마니 10여 명이 야음을 틈타 백두산으로 들어갔다. 산삼을 찾아 한참을 돌아다니고 있었는데 청나라 심마니들이 나타났다. 이미 안면을 트고 지내던 사람들이었다. 그런데 무슨 일인지 조선인 심마니들이 이들을 죽이고 산삼을 빼앗았다. 이때 청나라 심마니한 명이 용케 도망치는 바람에 이 사실이 탄로 났다. 이를 보고 받은 청나라 황제 강희제는 사건의 엄중한 조사와 더불어 국경 문제를 거론했다.

1712년 2월, 청나라는 예부를 통해 정식으로 공문을 보냈다.

"압록강과 토문강 일대는 우리의 땅에 속한다. 그러나 길이 멀어 아직 분명한 경계를 정하지 못하였다. 이번에 양국의 관원이 함께 모여 경계를 정하라."

부득이 육로를 통해 토문강을 조사하려고 하니 조선 측의 협조를 바란다는 내용이었다. 이 공문을 받은 조선의 입장은 자못 심각했다. 여차하면 세종 대에 개척한 지역이 청나라에 넘어갈 수도 있기 때문이었다. 더구나 백두산 일대는 목재와 산삼의 채취로 국가 경제에도 중요한역할을 담당하고 있었다. 마땅히 거부할 명분이 없자 조정은 논의 끝에이에 응하기로 결정하였다.

4월에는 오라(현재의 길림) 지방 총관 목극등의 일행이 두도구에서압록강을 거슬러 후주에 도착했다. 조선에서는 참판 박권을 접반사로보내 함경감사 이선부와 함께 맞이하였다.

양측은 혜산진까지 배로 이동한 다음 거기서부터 백두산에 오르기시작했다. 그런데 늙고 허약한 박권과 이선부가 험한 길을 버티지 못하자 목극등은 이들을 잔류토록 하였다. 대신에 조선 측에서는 접반사 군관 이의복, 역관 김응헌 등 중하위직 실무자만 동행시켰다. 이들은 10

일간의 강행군을 통해 드디어 천지에 이르렀다.

1712년 5월 15일, 목극등은 천지에서 동남쪽으로 십 리 정도 떨어진 곳에 내려와 산정山頂의 남동쪽으로 4km 지점인 해발 2,150m 분수령에 비를 세우고 청나라의 국경으로 선포하였다. 이것을 백두산정계비白頭山 定界碑라 부르고 비석 앞머리에는 대청大淸이라고 크게 쓰고 다음과 같은 내용을 새겼다.

烏喇摠管 穆克登 奉旨査邊 至此審視 西爲鴨綠 東爲土門 故於分水嶺 勒石 爲記

오라 총관 목극등이 성지를 받들고 변방을 살피고자 여기에 와서 살펴보니, 서쪽은 압록이 되고 동쪽은 토문강이 된다. 그런 까닭에 여기 분수령 위에 돌을 새겨 기록한다.

원래 접반사를 보낼 때 조선은 백두산 정상을 경계로 국경을 정한다는 것이 기본 방침이었다.

그러나 조선 측의 대표가 없다 보니 모든 것이 청나라의 의도대로 진행되었다. 우리 측의 대표가 동행하지 못한 가운데 벌어진 일방적인 조치였다.

백두산정계비가 설치된 후 약 170여 년이 흐른 후인 1880년대에 이르러 본격적으로 문제가 발생했다. 즉 당시 조선에서는 '토문강은 곧 두만강'이라는 인식이 있었지만 청나라가 쇠퇴한 1880년대 이후 조선은 '동위토문東爲土門'의 해석에 문제를 제기하며 간도에 대한 영유권을 주장한 것이었다. 압록강은 정체가 확실하지만 토문강은 그렇지 않아 양국의 국경 분쟁에서 자꾸 문제가 된 것이다.

조선은 이를 송화강의 지류로, 청나라는 두만강의 같은 이름으로 해석하여 간도를 각각 자신들의 영토라고 주장하기 때문이다. 그래서 정계비의 내용 중 토문강에 대한 해석은 지금도 큰 논란거리로 남아 있다.

한편 백두산정계비는 1931년에 갑자기 사라지는데, 이는 만주 침략에 장애가 될 것을 우려한 일제의 소행으로 추정되고 있다.

1967년 5월 15일

신라 문무왕의 수중 왕릉, 문무 대왕릉 발견

1967년 5월 15일, 경상북도 경주시 양북면 봉길리 앞바다에서 문무대왕릉文武大王陵이 발견되었다.

이 왕릉은 세계적으로도 유례가 없는 수중 왕릉으로 삼국 통일의 위업을 달성한 신라 문무왕의 것으로 대왕암大王巖이라고도 부른다.

문무왕은 태종 무열왕의 맏아들로 그는 재위 기간 내내 백제 부흥군과 고구려 그리고 당나라와 끊임없는 전쟁을 치러야 했다. 그는 백제의 옛 장군인 복신과 승려 도침이 왕자 부여풍扶餘豊을 왕으로 추대하고 신라와 당나라의 주둔군을 괴롭히자, 김유신 등 28명의 장군과 함께 백제 부흥군의 본거지인 주류성을 함락시켰다. 이어 임존성마저 정복함으로써 백제의 부흥 운동을 종식시켰다.

668년부터는 본격적으로 고구려 공격에 나섰다. 그는 김유신, 김인문 등을 파견하여 당나라군과 연합으로 평양성을 공격하여 보장왕으로부터 항복을 받아 냈다.

그러나 고구려와 백제가 멸망하자 당나라군은 삼국 전체를 자기 영토로 삼으려는 흑심을 노골적으로 드러냈다. 이 때문에 문무왕은 당나라군을 한반도에서 축출하는 힘겨운 싸움을 여러 차례 계속했다. 그리고 마침내 676년 4월에 삼국 통일을 이룩하였다.

백제 · 고구려 · 당나라군과 수없이 전쟁을 벌이는 고통의 시기를 보내야 했던 문무왕은 나라를 사랑하는 마음이 남달랐다. 문무왕은 어느 날 지의법사智義法師를 불러놓고 말했다.

"나는 죽은 후에 나라를 수호하는 큰 용이 되려 하오." 그러자 지의법사는 "용은 짐승의 응보인데 어찌 용이 되겠습니까?"라고 물었다. 이에 "나는 세간의 영화를 싫어한 지 오래요. 만약 추한 응보로서 짐승이 된다면 그것이 바로 나의 뜻이오." 라고 말하였다.

그는 죽어서도 마음을 놓지 못하고 신라를 지키는 바다의 용이 되고자 했던 것이었다. 681년에 문무왕이 세상을 떠나자 아들 신문왕은 그의 유언에 따라 동해의 대왕암 일대에 장사 지냈다.

문무 대왕릉은 문무왕의 호국 정신이 깃들어 있는 곳으로 인정받아 1967년 7월 24일에 사적 제158호로 지정되었다.

* 676년 4월 5일 '신라, 삼국을 통일하다' 참조

* 682년 5월 16일 '신문왕, 만파식적 제작' 참조

1911년 5월 15일

우리나라 최초의 잡지 『소년』 종간

"우리 대한으로 하여금 소년의 나라로 하라. 그리하려 하면 능히 이 책임
을 감당하도록 그를 교도하여라."

-최남선,『소년』

『소년』은 우리나라 최초의 잡지로 1908년 11월에 최남선에 의하여
창간되었다. 최남선은 처음에는 혼자서 집필과 편집을 담당하였으나
이후에는 최창선이 맡았다.

1909년 3월에 발행된 제3권 제2호부터 『소년』은 개인 잡지의 성격을
벗어나기 시작했다. 일제는 제3권 제2호에 실린 「이런 말삼을 들어 보
게」가 국권 회복에 관한 내용을 담고 있다 하여 여러 차례 압수와 발행
금지를 처분을 내렸다. 이어 제4권 제2호에 박은식의 「왕양명선생실
기」를 실었다는 이유로 압수당했다.

그 후 1911년 5월 15일에 통권 제23호로 종간되었다. 최초의 신체시
「해에게서 소년에게」를 게재하는 등 신문학 초창기에 큰 공헌을 했다
는 평가를 받고 있다.

* 1890년 4월 26일 '육당 최남선이 태어나다' 참조

1988년 5월 15일

세계 최초의 국민주 신문, 「한겨레신문」 창간

1988년 5월 15일, 동아일보와 조선일보의 해직 언론 기자들을 중심으로 「한겨레신문」이 창간되었다.

「한겨레신문」은 세계 언론 역사상 유일하게 전 국민을 대상으로 주식을 공모하여 모금된 자본을 바탕으로 창간되었다. 진보적 사회주의 입장을 고수하여 「경향신문」과 함께 진보 성향의 대표적인 신문사로 통한다. 체제 면에서도 한글 전용과 가로쓰기를 도입하여 기존 신문들과 확실히 차별성을 보였다.

1995년 4월 27일에는 「중앙일보」에 이어 국내 신문사로는 두 번째로 주간지 『한겨레21』로 인터넷 서비스를 시작했으며, 이듬해인 1996년에는 「한겨레」로 제호題號를 변경했다.

1982년 5월 15일

스승의 날 부활

1958년 5월 8일에 세계 적십자의 날을 기념하여 청소년 적십자 단원들이 병중에 있거나 퇴직한 교사들을 방문하기 시작하면서 스승의 날 제정에 대한 논의가 시작되었다.

청소년 적십자 중앙 학생 협의회에서 5월 26일을 스승의 날로 지정하여 1963년부터 기념하였으나 1965년부터는 5월 15일로 날짜를 변경

하였다. 그러나 1973년 정부의 방침에 따라 「국민교육헌장」 선포일인
12월 5일에 통합되면서 스승의 날은 폐지되었다.

　그 후 1982년 5월 15일에 스승을 공경하는 풍토 마련을 위해 다시
'스승의 날'이 제정되었다.

　스승의 날에는 스승 찾아뵙기, 안부 편지 보내기 등을 권장하고 음악
회와 체육 대회 등 교육적으로 의미 있는 여러 가지 행사를 각급 기관
및 단체별로 실시하고 있다. 또한 교육 발전에 기여한 공이 큰 공로자
에게는 훈장 및 표창 등을 수여하여 교원의 사기 진작에 힘쓰고 있다.

5월의
모든 역사

5월 16일

■
■
■

1961년 5월 16일

5·16 군사 쿠데타가 일어나다

1. 반공을 국시의 제일 의義로 삼고 지금까지 형식적이고 구호에만 그친 반공 태세를 재정비 강화한다.

2. 유엔 헌장을 준수하고 국제 협약을 충실히 이행할 것이며 미국을 위시한 자유 우방과의 유대를 더욱 공고히 한다.

3. 이 나라 사회의 모든 부패와 구악을 일소하고 퇴폐한 국민 도의와 민족 정기를 바로잡기 위해 청신한 기풍을 진작시킨다.

4. 절망과 기아 선상에서 허덕이는 민생고를 시급히 해결하고 국가 자주 경제 재건에 총력을 경주한다.

5. 민족의 숙원인 국토 통일을 위해 공산주의와 대결할 수 있는 실력 배양에 전력을 집중한다.

6. 이와 같은 우리의 과업이 성취되면 참신하고도 양심적인 정치인들에게 언제든지 정권을 이양하고 우리들은 본연의 임무에 복귀할 준비를 갖춘다.

-군사혁명위원회, 「혁명 공약」

1961년 5월 16일, 육군 소장 박정희를 중심으로 한 군인들이 장면 정부를 무너뜨리고 정권을 장악하였다. 이것을 5·16 군사 쿠데타 또는 5·16 군사 정변이라고 부른다.

1960년 4월 19일, 부패한 이승만 정권에 대항하여 시민 혁명이 일어났고 그 결과로 민주당 정권이 수립되었다. 그러나 민주주의에 대한 일천한 경력과 과도한 자유 욕구의 분출로 집권 1년 동안 전국은 매일같이 시위로 들끓었다. 이때 미군정 이후 이승만 정부를 거쳐 정치화된 군부 세력들은 박정희를 중심으로 쿠데타를 준비하였다.

해병대·공수단·제23사단에서 출동한 쿠데타군은 박정희 소장의 지휘 아래 5월 16일 새벽 3시, 서울의 주요 기관을 점령하였다. 중앙청·중앙방송국 등 중요 목표 지점을 일시에 점령한 쿠데타 세력은 오전 5시 첫 방송을 통해 6개항의 「혁명 공약」을 발표하였다.

당시 유엔 사령관 매그루더와 마샬 그린 주한미대리대사는 윤보선 대통령에게 "장면 총리가 영도하는 합법적인 한국 정부를 지지한다."라는 뜻을 밝히고 쿠데타 세력을 무력으로 진압하자고 주장하였다.

그러나 정변 직후 카르멜 수도원으로 피신했던 집권 책임자 장면이 사퇴하고, 윤보선 대통령이 혁명 세력에 대한 지지를 호소하는 하야 성명을 발표하여 쿠데타는 기정사실화되었다. 이로써 제2공화국 장면 정권을 무너뜨리고 쿠데타 세력이 집권하게 되었다.

5월 20일, 쿠데타 세력은 '군사혁명위원회'를 '국가재건최고회의'로 개칭하고 혁명 내각을 조직하였다. 장도영 육군참모총장을 의장으로 추대하고, 부의장에 박정희, 이 외에 30명의 혁명 위원을 구성하였다. 장도영이 국가재건최고회의 의장이자 내각 수반으로 임명되었음에도 실권은 사실상 부의장인 박정희 소장과 중앙정보부장으로 임명된 김종

필에게 있었다. 이후 박정희는 장도영을 반혁명 세력으로 제거한 뒤 군사 혁명 정부의 실권자로 부상했다.

국가재건최고회의는 입법, 사법, 행정 3권을 장악한 최고통치기구로 이후 약 2년 7개월간 지속되었다. 이들의 1차적 목표는 국내외의 지지를 받는 일이었다. 이를 위해 다음과 같은 개혁을 추진해 나갔다.

첫째, 이른바 '혁명'의 정당성을 확보하기 위해 농어촌 고리채 정리, 부정 축재 처리, 경제 긴급 시책 등을 제시하는 등 일련의 개혁 조치를 추진했다. 둘째, 정당·사회단체·언론·노동 조합 등을 해체하고, 혁명 재판소를 설치하여 정치적 반대 세력을 탄압하였다. 셋째, 중앙정보부를 설치하여 권력 기반을 구축하고 관료 조직을 장악하였으며, 대통령제로의 복귀와 기본권 제한, 국회의 견제를 골자로 하는 헌법을 개정하였다.

한편 5·16 군사 쿠데타로 집권한 박정희는 원대 복귀를 하겠다는 혁명 공약 제6조를 번복하고 1963년 10월 3일 총선거에 출마하여 제5대 대통령으로 당선되었다. 이어 제6대, 제7대, 제8대, 제9대 대통령에 선출됨으로써 제3공화국이 탄생되었다.

이 사건은 군부 세력이 정부를 전복하여 불법적으로 권력을 장악한 사건이다. 국가 주도의 급속한 경제 발전으로 긍정적인 평가를 받기도 하였으나 군의 정치 참여라는 부정적인 선례를 남겼다.

* 1962년 3월 22일 '윤보선 대통령, 하야 성명을 발표하다' 참조

1467년 5월 16일

이시애의 난이 일어나다

이시애의 난이 일어난 함길도는 일종의 모자이크와 같은 지역이었다. 이곳을 두고 고려와 여진, 그리고 몽고 사이에 잦은 쟁탈전이 벌어졌기 때문이다.

세종 대에 김종서가 육진을 개척하면서 이 지역은 조선의 영토로 확실히 자리 잡았다. 세종은 삼남 지역의 백성들을 함길도로 대거 이주시키고 지방관은 그곳 출신의 호족을 뽑아 임명하였다. 사실상 폭넓은 지방 자치를 인정한 셈이었다.

그런데 세조가 집권한 이후 변화가 일어났다. 세조는 왕권 강화를 위해 현지의 유력자 대신 중앙에서 직접 지방관을 파견했다. 게다가 호패법號牌法을 강화해 지방민의 이주를 제한하였다. 이에 남쪽으로부터 이주한 사람들은 자칫 고향으로 돌아가지 못할까봐 전전긍긍했다. 세금마저도 지방 실정을 무시하고 무겁게 매기자 함길도의 민심은 흉흉해졌다.

1467년 5월 16일, 결국 이 지역의 토호인 이시애가 반란을 일으켰다. 이시애의 일가친척은 함길도 여러 곳에 살면서 번창해 그 위세가 당당했다. 당시 이시애는 회령부사로 있다가 모친상을 당해 고향에 내려와 있었는데 그는 여기에서 동생 이시합, 매부 이명효와 은밀히 반란을 모의하였다. 먼저 "하삼도(충청도·전라도·경상도)의 군사들은 수로를 통해, 평안도와 강원도의 군사들은 육로를 통해 함길도에 들어와 모든 사람을 죽이려 한다."는 유언비어를 퍼뜨렸다. 워낙 민심이 사나운 터라 소문은 금방 번져나갔고 함길도인들은 너나없이 들고 일어섰다. 이시애는 구름처럼 몰려든 군중들을 모아 남으로 진격하면서 조정에서 파견한 수령들을 모두 죽였다.

이시애는 함흥을 점령하고 함길도 관찰사 신면을 죽이는 등 순식간에 함흥 이북 지역을 장악하였다. 사태가 이렇게 흐르자 조정에서는 황급히 구성군을 사도병마도총사四道兵馬都摠使로 삼아 3만의 군사를 이끌고 난을 진압토록 하였다.

이시애는 결국 관군을 무너뜨리지 못한 채 밤을 틈타 이성으로 도망쳤다. 관군이 기세를 몰아 뒤쫓자 단천에서 다시 길주로 도망쳤다. 그리고 직접 군사를 모으기 위해 경성에 갔다가 체포되었다. 이시애는 1467년 8월 12일 참형에 처해져 효수되었고 이로써 4개월에 걸친 반란은 끝이 났다.

세조는 난이 진정됨에 따라 함길도를 좌·우도로 나누어 통치를 더욱 강화하였으며 반란의 근거지가 되었던 길주는 길성현吉城縣으로 강등시켜 버렸다.

━

1931년 5월 16일

국내 최대의 민족 운동 단체, 신간회 해체

━

신간회新幹會는 일제 강점기 시절인 1927년 2월 민족주의 세력과 사회주의자들이 연합하여 서울에서 창립한 국내 최대의 민족 운동 단체이다.

신간회는 가장 큰 합법적인 결사로 항상 일제의 주목을 받았다. 한때 전국 140여 곳에 4만여 명 이상의 회원을 확보할 만큼 조직이 크게 확대되었다. 일본에도 지회를 두었으며 이를 바탕으로 한국 독립운동의 구심점이 되었다.

신간회는 1929년 11월에 발생한 '광주 학생 운동 사건'을 계기로 대대적인 반일 시위운동을 결의하고 그해 12월에는 민중 대회 개최를 계획하였다. 그러나 이 계획이 탄로나 대회는 무산되고 말았다.

이 사건으로 조병옥, 이관용, 이원혁, 김병로 등 주요 인사 44명이 체포됨으로써 잠시 위기를 맞았으나 김병로가 즉시 석방되면서 신간회 재건 운동이 일어났다.

그러나 신간회는 창립 당시부터 좌우익의 갈등과 대립으로 내부적으로는 분란이 계속되었다. 결국 그 갈등을 봉합하지 못하고 창립된 지 4여년 만인 1931년 5월 16일 해체되었다.

* 1927년 2월 15일 '신간회 창립' 참조
* 1929년 11월 3일 '광주 학생 운동 사건이 발생하다' 참조

682년 5월 16일

신라, 만파식적 제작

668년 신라 문무왕은 삼국 통일의 유업을 달성하였다. 하지만 통일의 기틀을 단단히 하지 못한 채 죽음에 이르게 되자, 그는 죽어서도 용이 되어 나라를 지킬 것이니 바다에 묻어 달라는 유언을 남겼다. 신문왕은 선왕의 유언에 따라 문무왕을 동해의 큰 바위 위에 장사 지내고

감은사를 지어 바쳤다.

그리고 신문왕은 왕이 된 이듬해 5월 해관에게서 동해 가운데에 떠 있는 작은 산이 감은사를 향해 물결을 따라 왕래한다고 전해 들었다. 이에 점을 치니 바다의 용이 된 문무왕과 하늘신이 된 김유신 두 성인 이 성城을 지킬 보배를 주신다 하였다.

신문왕이 직접 행차하여 이견대에 다다라 동해 쪽을 바라보고 산을 살펴보니 그 모양이 거북 머리 같았으며, 그 산 위에 낮에는 둘로 갈라 졌다가 밤이면 하나로 합쳐지는 신비로운 대나무가 있었다. 신문왕은 682년 5월 16일, 그 대나무를 구해 피리를 만들어 보관하였다.

이 피리가 바로 '만파식적萬波息笛'인데, 이 피리를 불면 적군이 물러가 고 백성들이 병이 낫는 등 나라의 모든 근심, 걱정이 사라졌다. 또한 가 뭄이 들면 비가 오고, 장마 때는 비가 개며, 바람이 그치고 물결이 평온 해졌다.

이후 신문왕은 만파식적을 국보로 지정하였다.

* 1967년 5월 15일 '신라 문무왕의 수중 왕릉, 문무 대왕릉 발견' 참조

—

1970년 5월 16일

서울대교 개통

—

서울대교는 총 공사비 15억 9,800만 원이 투입되어 착공 2년 만인 1970년 5월 16일에 한강의 4번째 교량으로 개통되었다.

서울대교는 길이 1,400m, 너비 25m로 마포구 마포동과 영등포구 여

의도동을 연결하였다.

이 다리는 교통량을 적절히 분배할 수 있도록 설계되었다. 개통 이후 서남부 지역의 교통 흐름이 원활해졌으며 특히 여의도 일대가 급성장하여 막대한 경제적 이득을 가져왔다.

1984년 11월에는 서울대교의 공덕동 쪽 입구 자리가 조선 시대에 마포였던 것을 감안하여 마포대교로 교량의 이름을 변경하였다.

1996년에는 늘어난 교통량을 감당하기 위해 성능 개선과 확장 공사에 들어가 2005년 10월에 기존 왕복 6차로에서 10차로로 재개통되었다.

5월의
모든 역사

5월 17일

■
■
■

1551년 5월 17일

율곡의 어머니 신사임당이 사망하다

사임당의 포도와 산수는 절묘하여 평하는 이들이 '안견 다음에 간
다.'라고 한다. 어찌 부녀자의 그림이라 하여 경홀히 여길 것이며,
또 어찌 부녀자에게 합당한 일이 아니라고 나무랄 수 있을 것이랴.

-어숙권, 『패관잡기』

1993년 6월, 세계 천문 연맹이 신사임당과 황진이를 금성의 분화구 명칭으로 올렸다. 천체에 이름을 붙이는 방법은 여러 가지이다. 혜성은 발견자의 이름을 붙이는 게 원칙이나 소행성은 자신의 이름을 제외하고 다른 이름을 붙일 수 있다.

금성의 분화구에는 세계적으로 유명했던 여성들의 이름이 붙는데 이는 금성의 이름이 비너스 여신인 것과 관련이 있다. 그래서 금성 분화구의 이름 중에는 미국의 무용가 덩컨, 영국의 추리 작가 크리스티, 미국의 소프라노 가수 칼라스 등이 포함되어 있다.

율곡 이이의 어머니로도 널리 알려진 신사임당은 시, 글씨, 그리고 그림에 빼어난 재능을 가진 여성이었다. 그녀는 스스로 사임당이라는 호를 지었는데, 그 뜻은 주나라 문왕의 어머니였던 태임을 본받는다는 의미였다. 태임은 역사상 가장 현숙한 부인으로 꼽히는 인물이었다. 신사임당이 어떤 삶을 추구했을지 이미 그 이름의 반이 대답해 주고 있는 것이다. 실제로 그녀는 어려서부터 부모에 대한 효성이 지극했으며 자식들에게는 더할 수 없이 어진 어머니였다.

신사임당은 1504년에 강릉에서 태어났다. 그녀의 부모는 서울과 강릉에서 서로 떨어져 살았다. 일종의 주말부부였다. 신사임당의 어머니가 외동딸이라 출가 후에도 계속 친정에 머물렀던 것이다.

신사임당은 어려서부터 머리가 뛰어나 경전과 시문에 능통하였다. 외할아버지는 그녀가 그림에도 소질이 있는 것을 눈치 채고 7세 때부터는 안견의 산수화를 교재로 구해 주기도 하였다. 또한 어머니의 훌륭한 가르침을 본받아 바느질과 자수에도 뛰어난 솜씨를 발휘하였다.

신사임당은 19세가 되던 해에 서울에 사는 이원수와 결혼하였다. 그러나 신사임당의 부모도 아들 하나 없었던 게 문제였다. 아버지 신명화는 사위 이원수에게 이렇게 말했다.

"내가 딸만 여럿을 두어 다 시집보낼 수밖에 없으나 자네 처만은 내 곁을 떠나보낼 수 없네."

그리하여 신사임당도 어머니와 마찬가지로 친정에 머물렀는데 얼마 후 아버지가 세상을 떴다. 3년상이 끝나자 신사임당의 어머니는 이제 한양의 시집으로 가라고 딸의 등을 떠밀었다. 자신이 겪었던 주말부부 의 아픔을 더 이상 딸에게 물려주고 싶지 않았던 것이었다.

한양으로 올라온 신사임당은 새로운 생활을 시작하였다. 그녀의 시 어머니 홍씨는 얼마 뒤 신사임당 부부를 남편의 고향인 파주 율곡으로 보내 그곳에서 살도록 했다.

그러나 신사임당의 마음은 늘 강릉에 가 있었다. 그녀는 친정어머니 를 걱정하여 자주 강릉을 찾았다. 특히 출산은 좋은 구실이었는데 그 덕분에 율곡도 강릉에서 태어났다.

어느 해 율곡을 데리고 한양으로 올라가던 신사임당은 대관령 고개 에서 친정을 바라보다 가슴이 복받쳐 시 한 수를 지었다.

慈親鶴髮在臨瀛 늙으신 어머님을 고향에 두고,

身向長安獨去情 외로이 서울 길로 가는 이 마음,

回首北村時一望 고개 돌려 북평을 바라보니,

白雲飛下暮山靑 흰 구름만 저문 산을 날아 내리네.

－「유대관령망친정踰大關嶺望親庭」

1551년에는 수운판관水運判官이던 남편 이원수가 공무로 인해 평안도

로 출장을 떠났다. 여기에는 율곡도 동행하여
그다지 걱정할 일이 없었다. 그런데도 신사임
당은 눈물을 철철 흘리며 이원수에게 편지를
썼다. 남은 식구들은 처음에는 그 눈물의 의미
를 이해하지 못했다.

「초충도」

　그러나 편지를 보내고 며칠 지나지 않아 신
사임당은 병상에 앓아누웠다. 곧 회복하기 어려울 만큼 위독해졌다. 신
사임당은 곁에 모여 앉은 자식들에게 말하였다.

　"나는 다시 일어나지 못할 것이다."

　이 말을 마지막으로 1551년 5월 17일에 신사임당은 숨을 거두었다.
그러나 그녀의 천재성은 율곡 이이를 통해, 화가의 재능은 큰딸 매창을
통해 살아남았다.

　신사임당의 그림은 처녀 시절부터 높은 평가를 받았다. 그녀는 결혼
후에도 그림 공부를 계속하였는데 그녀의 그림은 사실성이 무척 뛰어
나 풀벌레를 그려 마당에 펼쳐놓으면 닭이 와서 그것을 쪼아 종이가 뚫
어질 정도였다고 한다.

　신사임당은 포도, 대나무, 매화, 초충(草蟲 : 나비, 벌, 메뚜기 등) 등의
다양한 소재로 그림을 그렸다. 그중 신사임당이 그린 「초충도」는 간결
한 구도와 섬세한 표현이 특징적이다.

　현재 남아 있는 조선 시대의 「초충도」는 거의 모두가 신사임당의 작
품이다. 이 외에도 그녀는 「산수도」 「자리도」 「노안도」 「연로도」 등의
그림을 남겼다.

1980년 5월 17일

신군부, 5 · 17 비상계엄 확대 조치

이른바 '12 · 12 사태'를 계기로 정권을 획득한 신군부는 시국을 수습한다는 명목 아래 1980년 5월 17일 24시를 기해 제주도를 제외한 전국에 비상계엄 확대 조치를 내렸다.

이날 정오에 노태우, 정호용 등 신군부 핵심 인물들은 정부로부터 계엄 확대 조치를 이끌어 내기 위해 전군 주요 지휘관 회의를 열어 군의 정치 개입 결정을 강요했다.

오후 9시에는 중앙청에 집총한 군인들이 늘어선 가운데 외부와의 연락이 끊어진 상황 속에서 국무회의가 열렸다. 특별한 토의 없이 비상계엄 확대안이 통과되어 비상계엄령은 전국으로 확대되었다. 동시에 신군부는 계엄포고 제10호를 발표하여 정치 활동 금지, 대학교 휴교령, 언론 보도 사전 검열 강화 등의 조치를 내렸다.

그러나 이 사건은 전두환, 노태우를 비롯한 신군부 세력이 정권 장악을 위해 주도한 것으로, 헌법에 규정된 국회 통보 절차도 거치지 않고 국회를 무력으로 봉쇄한 채 벌인 불법 조치였다. 이 조치가 내려진 다음 날인 5월 18일에는 광주에 공수부대를 투입하여 무고한 시민을 학살하는 등 정권을 잡기 위한 총칼을 휘둘렀다.

5 · 17 비상계엄 전국 확대 조치로 실권을 장악한 신군부는 이후 학생과 정치인 등 2,699명을 불법 체포하는 등 갖은 정치 탄압을 자행하였다.

이로써 신군부 세력은 제5공화국 정권을 창출하는 데 성공하였다.

* 1979년 12월 12일 '12 · 12 사태가 일어나다' 참조
* 1980년 5월 18일 '광주 민주화 운동이 시작되다' 참조

1985년 5월 17일

제2차 남북 경제 회담 개최

남북 경제 회담은 1984년 11월부터 1985년 11월까지 총 5차례에 걸쳐 이루어진 남북한 당국자 간의 경제 회담이다.

첫 회담은 1984년 11월 15일 판문점 중립국 감독 위원회 회의실에서 우리 측의 수석대표 김기환 기획단장과 북한 측의 수석대표 이성록 부부장 등이 참석한 가운데 진행되었다.

당시 남북한은 교역 품목과 경제 협력 사업 등에 관하여 거의 비슷한 제안들을 내놓으며 실질적인 문제를 논의하였으며, 비교적 평화로운 분위기 속에 회담을 마쳤다.

제2차 남북 경제 회담은 1984년 12월 5일에 열기로 합의되었으나 북한 측이 팀스피리트 훈련을 구실로 연기하여 1985년 5월 17일에 열렸다.

그러나 두 번째 회담 때부터는 북한 측이 실질적인 문제를 피하고, 기존의 회담을 대신하여 '남북경제협조공동위원회' 구성을 제안하는 등 다소 경직된 태도를 보였다. 이후 제3차, 제4차, 제5차 회담까지 진행되었으나 성과를 거두지 못했다.

그 뒤 양측은 제6차 회담을 1986년 1월 22일에 열기로 약속하였으나 북한 측의 일방적 불참 통보로 중단되었다.

1968년 5월 17일

청록파 시인 조지훈 사망

"지조를 지키기 위해서는 최저의 생활, 최악의 곤욕을 무릅쓸 각오가 있어
야 한다."

-조지훈

청록파 시인 조지훈이 1968년 5월 17일, 48세의 젊은 나이로 세상을
떠났다.

조지훈은 1920년 경상북도 양양에서 태어났다. 본명은 조동탁이다.
그는 1939년 『문장』지에 「고풍의상古風衣裳」 「승무」 등의 시를 발표하며
등단하였다. 그는 한국어의 묘미를 살리면서 고전적 풍물을 소재로 우
아하고 섬세한 민족 정서를 노래하였으며 전통에 대한 향수, 불교적 선
미를 표현하는 많은 작품을 남겼다.

조지훈의 작품은 서정성을 바탕으로 하여 고전적인 미의 세계를 찬
양하는 내용들이 주류를 이루지만, 시집 『역사 앞에서』는 현실에 대응
하는 시들이 주를 이루고 있어 일대 시적 전환을 보여 주기도 하였다.
그는 1946년에 박두진, 박목월과 함께 시집 『청록집』을 낸 것을 계기로
청록파 시인으로 불렸다.

조지훈은 시인인 동시에 학자이며 논객으로 문화 · 예술 · 사상 · 역
사 등 다양한 분야에서 폭넓게 활동하였다. 그는 일제 강점기와 6 · 25
전쟁 그리고 이승만과 박정희로 이어지는 독재 정치 아래에서 민족과
시대의 아픔에 기꺼이 동참했던 거목이었다. 그러면서도 친구와 제자

들이 '선비'로 표현할 정도로 멋과 풍류, 기품이 서려 있었고 번뜩이는 재능과 폭넓은 교양, 추상같은 기개가 넘쳐흘렀다.

1947년부터 고려대학교에 재직하면서 민족문화연구소를 창설하여 한국학 연구에 헌신하였으며 『한국 문화사 대계』 발간을 기획하고 추진하였다.

저서로 시집 『청록집』 『풀잎단장』 『조지훈 시선』 『여운』 등과 수필집 『시와 인생』 『지조론』 등이 있다.

* 1998년 9월 16일 '청록파 시인 박두진 사망' 참조
* 1978년 3월 24일 '청록파 시인 박목월이 눈을 감다' 참조

1951년 5월 17일

국민방위군 해체 완료

국민방위군은 6·25 전쟁 중인 1950년 12월에 공포된 「국민방위군 설치법」에 의해 조직된 제2국민병으로, 만17세 이상 40세 미만의 남성 약 50여 만 명으로 구성되었다.

정부는 6·25 전쟁 당시 중공군의 개입으로 전세가 불리해지자 이를 타개할 목적으로 이들을 51개 교육 연대로 편성하여 전국 각지의 교육대로 보냈다.

그러나 이때 국민방위군에게 투입될 예산이 확보되지 않았고, 행정적인 조치가 미흡해 약 1,000여 명의 국민방위군이 보급을 제대로 받지 못해 굶거나 얼어 죽는 사건이 발생하였다. 이런 문제로 1951년 1

월, 국회는 이들의 해산을 요구하였고 정부는 그해 2월에 36세 이상인 장병들은 귀향하도록 조치하였다.

그 후 국민방위군은 국회의 결의에 따라 해체가 결의되어 1951년 5월 17일에 완전 해체되었다.

5월의
모든 역사

5월 18일

.
.
.

1980년 5월 18일

광주 민주화 운동이 시작되다

18일 정부에서 공수 부대를 파견해 차마 입으로 말할 수 없는 만행을 벌였고 광주 시민들은 무차별 학살당했다. 밝혀진 사망자만 200명이 넘었지만 언론에서는 이 사실을 보도하지 않고 광주 시민을 폭도로 몰았다.

정부가 광주에 저지른 만행이 알려지는 것이 두려워 외부 접촉 수단을 끊었다.

영어는 믿어도 한국어는 못 믿는다. 이런 사태에 광주 시민들은 더욱 분노했다. 정부의 어떤 꼬임과 달콤한 말에도 절대 속지 않을 것을 다짐했다.

-「5.18 여고생 일기」

2007년, 7월 김지훈 감독의 영화 「화려한 휴가」가 개봉했다. 이 영화에는 1980년 5월 17일 신군부의 비상계엄 전국 확대 조치로 투입된 공수 부대의 잔혹한 진압으로 희생된 무고한 광주 시민들이 주인공으로 등장한다. 영화는 상처로 남은 역사의 흔적, 그러나 과거 속에만 묻기에는 중요한 사건인 5 · 18 광주 민주화 운동을 소재로 하였다.

5 · 18 광주 민주화 운동은 1980년 5월 18일부터 27일까지 전라남도 및 광주 지역의 시민들이 계엄령 철폐와 전두환 퇴진 등을 요구하며 벌인 민주화 운동이다.

1979년 10월, 박정희 대통령이 암살되자 전두환 보안 사령관을 중심으로 한 신군부 세력은 이른바 '12 · 12 사태'를 일으켜 권력 장악을 시도하였다. 그러자 수만 명의 시민들과 학생들이 계엄 철폐 등을 주장하며 서울역에 모여 시위를 벌였다.

그러나 신군부는 5월 17일, 비상계엄을 전국으로 확대하고 계엄 포고령 10호를 선포하였다. 이어 학생 지도자들을 체포하고 휴교령을 내리는 등 대대적인 탄압에 들어갔다. 또한 김대중, 김영삼 등을 비롯한 재야인사들을 감금하고 국회를 봉쇄하였다.

아침부터 광주 지역의 학생들은 김대중 석방, 전두환 퇴진, 비상계엄 해제 등을 요구하며 시위를 벌였다. 이에 신군부는 제7공수 부대를 투입시켜 조선대학교와 전남대학교를 장악하고 학생들의 학교 출입을 막았다. 결국 학교에 들어가려는 학생들과 계엄군 사이에 마찰이 빚어졌다.

신군부는 이 사태를 진압하기 위하여 즉시 강경 진압에 나섰다. 이들은 시위 학생이 아닌 일반인에게도 무차별 폭력을 행사했다. 이렇듯 무고한 희생자가 속출하자 일부 학생들은 '계엄 철폐'와 '휴교령 철폐' 등을 외치며 전라남도 도청 앞 금남로로 이동했다.

5월 19일을 맞아 지금까지 대학생들을 중심으로 벌어졌던 시위는 그 성격이 변하기 시작했다. 계엄군의 무차별 폭력에 분노한 일반 시민과 고등학생까지 거리로 뛰쳐나와 시위에 합류하여 이날 오후 시위대는 5,000여 명으로 불어났다. 이후 계엄군의 진압은 더욱 가혹해졌다. 이들은 학생, 시민, 남녀노소, 행인을 가리지 않고 무차별 폭력을 가했다.

다음 날, 시위대의 규모는 약 20만여 명에 이르렀다. 밤 11시가 되자 계엄군은 광주역 앞에서 시위대를 향해 집단 발포를 가했다. 계엄군의 초기 과잉 진압은 시민들의 반정부 감정을 폭발시켰다. 시민들은 총과 실탄, 폭약 등을 탈취하여 무장한 뒤 시민군을 결성하였다. 이튿날인 21일에는 계엄군을 몰아내고 전라남도 도청을 차지하였다.

그러나 5월 27일 새벽 2시, 25,000여 명이 투입된 계엄군이 다시 광주 시내로 진입하였다. 탱크를 앞세운 계엄군이 외곽 도로를 봉쇄하고 총을 난사하여 시위대를 진압함으로써 광주 민주화 운동은 막을 내렸다.

5 · 18 광주 민주화 운동은 6 · 25 전쟁 이후 가장 많은 사상자를 낸 비극적인 사건으로 이 운동은 광주 사태, 광주 항쟁 등으로 불려오다가 1988년 초, 민주화합추진위원회의 건의에 따라 광주 민주화 운동으로 규정됐다.

이 사건은 민주주의를 향한 시민의 의지를 대내외에 드러냄으로써 우리나라의 민주주의 발전에 큰 영향을 미쳤을 뿐만 아니라 1987년의 6월 항쟁을 촉발시켰다.

한편 1997년 4월 17일에는 5 · 18 주범들에 대한 반란 및 내란죄가 확정되어 책임자에 대한 형사 처분이 내려졌다. 그해 정부는 5월 18일을 '5 · 18 민주화 운동 기념일'로 제정하였다.

2011년 5월 25일에는 5 · 18 민주화 운동에 관한 기록물들이 유네스코 세계 기록 유산으로 등재되었다.

* 1979년 10월 26일 '박정희 대통령, 중앙정보부장 김재규에게 피살되다' 참조
* 1979년 12월 12일 '12 · 12 사태가 일어나다' 참조
* 1980년 5월 17일 '신군부, 5 · 17 비상계엄 확대 조치' 참조
* 1987년 6월 10일 '6월 민주 항쟁이 시작되다' 참조

1452년 5월 18일

단종, 12세의 어린 나이에 즉위

1452년 5월 17일, 12세의 어린 단종이 문종의 뒤를 이어 왕위에 올랐다.

그러나 1453년 10월, 이른바 계유정난으로 수양 대군이 정치적 실권을 완전히 장악하자 단종은 단지 이름뿐인 왕이 되었다. 1455년에는 수양 대군에게 왕위를 물려주고 상왕으로 물러났다. 즉위 1년 만에 숙부인 수양 대군에게 왕위를 빼앗긴 것이었다.

비극은 여기서 그치지 않았다. 1456년 6월에 성삼문, 박팽년, 하위지, 이개, 유응부, 유성원 등 이른바 사육신이 단종의 복위를 꾀하다가 발각되어 처형되는 일이 일어났다. 그 바람에 1457년에 단종은 다시 노산군으로 강등되어 머나먼 영월 땅으로 유배되었다.

그리고 그해 세종의 여섯째 아들 금성 대군과 순흥부사 이보흠 등이 또다시 단종 복위를 꾀하다 발각되었다. 이 일로 단종은 1457년 12월,

17세의 어린 나이에 사약을 받았다.

이때 의금부 도사로 있던 왕방연이 단종을 호송하였는데 그 마음이 황망하기 그지없었다. 그는 언덕 위에 앉아 흐르는 강물을 바라보며 그 비통한 심정을 시로 읊었다.

천만리 머나먼 길에 고운 님 여의옵고,

내 마음 둘 데 없어 냇가에 앉았으니,

저 물도 내 맘 같아서 울어 밤길 예놋다.

-왕방연

단종은 죽은 뒤 묘호도 없이 노산군으로 불리다가 1681년에 우의정 김구의 상소로 노산대군魯山大君으로 추봉되고, 1698년에는 복위되어 묘호를 단종이라 하였다.

단종의 능은 영월에 있는 장릉莊陵으로 강원도 영월군 영월읍에 있으며, 1970년 5월 26일에 사적 제196호로 지정되었다.

이 능은 다른 능과는 달리 단종에게 충절을 한 여러 신하들을 장릉에 배향하기 위해 장릉 밑에 충신단이 설치되어 있다.

* 1972년 5월 25일 '사육신묘, 서울특별시 유형 문화재 지정' 참조

1904년 5월 18일

조러수호통상조약 폐기

1896년 2월 고종의 아관파천 이후 대한제국 내에는 친러파가 득세하기 시작하였다.

1903년 5월에 러시아는 만주에 주둔하고 있던 러시아군 100여 명을 보내 용암포를 점령하고, 러시아 삼림 회사에 용암포를 조차해줄 것을 강요하였다. 이 업무를 주선하기 위해 친러파 조성협이 삼림감리森林監理로 파견되어, 러시아 삼림 회사 총무인 모지스코와 교섭함으로써 그해 7월에 용암포 조차에 대한 가조약을 체결하였다. 이 같은 소식이 전해지자 일본은 용암포를 러시아의 조차로 인정하는 것은 부당하다며 날카롭게 맞섰다.

그리고 1904년 2월 10일 새벽, 일본군이 인천에 상륙하여 러시아 함대를 침몰시키고 서울로 입성하여 러시아에 선전포고를 함으로써 러시아와 일본은 전쟁 상태에 들어갔다.

러일 전쟁이 일본 측의 승리로 기울어지자 대한제국은 1904년 5월 18일자 조칙詔勅으로 조선과 러시아 사이에 체결되었던 일체의 조약과 협정의 폐기를 선포하였다. 동시에 그동안 러시아 측에 넘겨주었던 이권도 전부 취소하였다.

러일 전쟁이 끝나자 일본은 1904년에 한일 의정서韓日議政書를 강제로 체결하였다. 전문 6조로 된 이 의정서의 제2, 3조에는 대한제국 황실의 안전과 독립 및 만주의 영토를 보전한다고 되어 있었으나 기타 조항은 모두가 주권 국가의 주권을 무시한 일방적인 것이었다. 이로써 대한제국에 대한 일본의 내정 간섭은 더욱 심화되었다.

* 1896년 2월 11일 '고종과 왕세자, 아관 파천 단행' 참조

2001년 5월 18일

종묘 제례악, 유네스코 선정 세계 무형 유산 지정

종묘 제례악宗廟祭禮樂은 조선 시대 역대 제왕의 제사를 지낼 때 무용과 노래와 악기를 사용하여 연주하는 음악으로, 1964년에 중요 무형 문화 재 제1호로 지정되었다.

종묘 제례악은 본래 세종 29년(1447)에 궁중 회례연에 사용하기 위해 창작되었는데 다른 나라에서는 볼 수 없는 독특한 멋과 아름다움을 자랑하며 장중한 리듬과 곡조의 우아함이 단연 돋보인다. 이것은 아악기와 함께 대금과 같은 고유 악기가 편성되어 장중하고 느린 선율을 만들어낸 덕분이다.

종묘 제례악은 왕들의 문덕을 찬미하는 내용의 보태평保太平과 왕들의 무공을 기리는 내용의 정대업定大業 2곡이 중심이다. 두 곡은 1449년에 세종이 전래 음악을 바탕으로 작곡한 것으로 알려져 있다. 또한 보태평 춤인 문무文舞와 정대업 춤인 무무武舞 두 종류의 춤이 음악에 함께 하는데 모두 조선 왕조 건국의 업적을 춤으로 재현한 것이다.

2001년 5월 18일에 유네스코는 이러한 종묘 제례악의 뛰어난 예술성과 문화적 상징성을 인정해 종묘 제례와 함께 '인류 구전 및 무형 유산 걸작'으로 선정하고 세계 무형 유산으로 지정했다.

5월의
모든 역사

5월 19일

■
·
■

—

1441년 5월 19일

세계 최초의 우량계인 측우기를 제작하다

—

우량雨量을 측정하는 일에 대하여는 일찍이 벌써 명령을 받았사오
나, 그러나 아직 다하지 못한 곳이 있으므로 다시 갖추어 조목별로
열기列記합니다.

서울에서는 쇠를 주조하여 기구를 만들어 명칭을 측우기라 하니,
길이가 1척 5촌이고 직경이 7촌입니다. 주척을 사용하여 서운관
에 대臺를 만들어 측우기를 대 위에 두고 매양 비가 온 후에는 본관
의 관원이 친히 비가 내린 상황을 보고는, 주척周尺으로써 물의 깊
고 얕은 것을 측량하여 비가 내린 것과 비오고 갠 일시와 물 깊이
의 척·촌·분의 수를 상세히 써서 뒤따라 즉시 계문啓聞하고 기록
해 둘 것입니다.

-『세종실록』

매년 5월 19일은 '발명의 날'이다. 이것은 장영실이 세계 최초로 발명한 측우기와 깊은 관련이 있다. 조선의 세종이 재위 23년(1441) 5월 19일에 측우기를 각 지방으로 내려 보내 측우기의 발명을 공식적으로 선언했기 때문이다.

측우기는 가장 오래된 강우량 측정 기구이다. 또한 그 원리에 있어서도 오늘날의 그것과 별 차이가 없는 뛰어난 발명품이다. 그릇의 모양이 원통형이고, 그 직경은 약 21m로 이것은 현재 세계에서 공통으로 사용하고 있는 우량기와 거의 비슷한 규격이다. 이렇게 보면 측우기는 그때나 지금이나 과학의 최첨단을 걷고 있다고 할 수 있다.

예로부터 우리나라는 생산의 대부분을 농업에 의지해 왔다. 이것은 조선 시대에도 마찬가지였다. 이 때문에 그해의 생산력을 좌우하는 가뭄이나 홍수는 국가적 관심사일 수밖에 없었다.

특히 강우량을 조사하여 자료로 축적하는 것이 중요했다. 처음에는 눈의 쌓인 높이를 재듯이 비가 내린 후 땅속으로 스며든 깊이를 재는 방법을 사용했다. 『세종실록』을 보면, 세종 5년 5월 3일자에 이런 기록이 실려 있다.

"오늘 밤 비가 내렸다. 한 치가량이 땅에 스며들었다."

이런 식으로 각 도마다 감영에서 측정한 강우량은 호조에 보고되고 호조에서는 그것을 정기적으로 집계해서 기록해 두었다.

그러나 이런 원시적 방식은 누가 봐도 문제가 많았다. 땅이 건조했을 때와 젖었을 때에 따라 빗물이 스며드는 깊이는 차이가 크기 때문이다. 가뭄과 홍수가 거듭될 때는 사실상 아무런 의미가 없었다. 그래서 지상에서 특정한 그릇에 비를 받아 그 양을 측정하는 방법이 강구되었다.

마침내 호조戶曹에서는 다음과 같이 건의하였다.

"서운관에 대를 만들어 깊이 두 자, 지름 여덟 치의 철기를 주조하여 대
위에 놓고 빗물을 받아 서운관의 관리에게 그 깊이를 재서 보고하도록 하
소서."

이에 세종이 호조의 측우기 건의를 적극 받아 들였다.

그리하여 1441년 5월 19일, 강우량 측정에 획기적인 전환을 가져온
측우기가 만들어졌다. 호조의 건의대로 깊이 두 자에 지름 여덟 치의
원통형 측우기였다. 세종은 지방에도 관아의 뜰에 사기나 옹기그릇을
써서 측우기를 설치해 물의 깊이를 재도록 했다.

한편 강이나 시냇물 같은 하천에는 수표를 설치해 물의 양을 쟀다. 물
속에 눈금을 그은 돌기둥을 세워 수위를 측정했던 것이다. 청계천에도
이러한 수표를 설치했는데 여기에 설치된 다리를 수표교라고 불렀다.

처음 만들어진 측우기는 강우량 측정에 큰 변화를 가져왔으나 사용
하면서 일부 미흡한 점이 발견되었다. 가령 수심을 재되, 어떤 자로 어
떻게 잴 것인지 하는 구체적인 기준이 없었다. 여름이 다가오자 호조에
서는 이듬해 5월, 새로운 측우기의 기준을 만들어 제시하였다. 호조가
제시한 기준은 다음과 같다.

1. 측우기의 크기는 깊이 1자 5치, 지름 7치로 하되 주척을 사용한다.

2. 강우량은 비가 그칠 때마다 서운대 관원이 직접 관찰하여 측정한다.

3. 비가 내리기 시작하거나 갠 시각을 기록하여 즉시 보고한다.

4. 수심은 자 · 치 · 푼의 단위까지 확실히 기록한다.

이 기준은 현대와 비교해도 거의 완벽에 가까운 강우량 측정법이었다. 다만 수심을 재는 단위만 다를 뿐이다. 『풍운기』에는 비 오는 강도를 8단계로 구분하여 기록하고 있다. 미우-세우-소우-하우-쇄우-취우-대우-폭우가 그것이다. 이것은 조선 시대 강우량의 기록이 얼마나 세밀했는지 잘 보여 주고 있다.

측우기를 통한 정확한 강우량 측정은 제방을 쌓거나 저수지를 축조하는 데 커다란 도움을 주었다. 또한 풍작과 흉작의 정도를 평가하는 데에도 중요한 정보를 제공했다.

한마디로 측우기는 15세기 세계 과학사에서 가장 빛나는 조선의 발명품이라고 할 수 있다.

* 1957년 5월 19일 '제1회 발명의 날 기념식' 참조

—

1881년 5월 19일

최초의 신식 군대, 별기군 창설

—

1876년 조선과 일본 간에 강화도 조약이 체결되자 제국주의 세력의 침투가 심해졌다. 이에 부국강병을 모색하던 조선 정부는 새로운 교관을 초빙하여 신식 군사 연습을 실시할 것을 계획하였다. 이 계획을 사전에 탐지한 일본은 군사 훈련 문제를 돕겠다고 나섰다.

고종은 이러한 일본 측의 제의를 받아들이고 병사를 선발하도록 하

였다. 이에 따라 1881년 5월 19일, 우리나라 최초의 신식 군대인 별기군이 무위영武衛營에 설치되었다.

별기군의 창설은 비록 오군영五軍營에서 선발한 80명과 양가의 자제로 무과에 급제한 자 등 100여 명에 지나지 않았으나 실시 자체만으로도 획기적인 일이었다.

별기군은 함경북도 병마우후토포사를 지낸 윤웅렬을 중심으로 창설되었으나 나중에는 민영익과 우범선을 중심으로 운영되었다. 교관은 일본 공사관 소속 육군 공병 소위 호리모토를 초빙했으며, 그해 5월부터 별기군들은 서대문 밖 모화관에서 훈련에 임하였다.

그러나 별기군은 1882년 6월에 임오군란이 일어나자 하도감의 교련장에서 구식 군대의 습격을 받았다. 이때 일본인 교관 호리모토 등이 살해되었다.

이로써 별기군을 창설하여 새로운 군사 개혁을 실시하려던 정부의 정책은 실패로 돌아갔다. 이후 군사 제도는 다시 옛 군영 체제로 바뀌어 별기군은 모두 오군영의 본대로 복귀하였다.

——

1901년 5월 19일

정약용의 『목민심서』, 신식 활자로 간행

——

1901년 5월 19일, 정약용의 대표적인 저서인 『목민심서』가 광문사廣文社에서 신식 활자로 간행되었다.

이 책은 모두 46권 4책으로 제2책 권 10에서 권 19까지가 빠진 탁본이다.

이 책은 조선 시대 지방 장관이 지켜
야 할 준칙을 서술한 책으로 정약용이
강진에 귀양 가 있는 동안 지은 것이
다. 귀양살이에서 풀려난 해인 1818
년에 완성되었다.

『목민심서』

조선 시대에는 중앙 정부의 행
정력이 지방에까지 고루 미치지 않아 지방의 수령들이 행정권은 물론
사법권도 가지고 있었다. 이에 정약용은 지방관으로 있던 때의 체험을
바탕으로 여러 가지 사실에 기초하여 지방 관헌의 윤리적 각성을 도모
하고 농민 경제의 정상화를 위하여 이 책을 지었다. 민생에 관련된 그
의 여러 가지 저술 중 대표적인 작품으로 평가받는다.

1961년 5월 19일

「민족일보」 폐간

1961년 5월 19일, 「민족일보」가 제92호를 끝으로 강제 폐간되었다.

「민족일보」는 재일 거류민단 간부 출신 조용수가 창간한 것으로
4 · 19 이후 혁신 세력의 급속한 성장에 맞춰 서울에서 발행되던 혁신
계 일간 신문이다.

이 신문은 당시 혁신계 세력들의 주장이었던 남북 협상과 민족 자주
통일 등의 논조를 강력히 내세웠다. 1961년 2월 13일에 창간되어 발행
석 달 만에 당시 선두권이었던 동아일보의 부수를 추격하는 한편 다른
가판을 제치고 1위에 올라 세간의 주목을 받았다.

그러나 5 · 16 군사 쿠데타가 일어나자 반국가적 신문이라는 이유로 신문 발행이 정지되어 창간 3개월 만에 폐간 처분을 받았다. 이어 발행인 조용수를 비롯한 주요 간부들은 「특수범죄처벌에 관한 특별법」 위반 혐의로 혁명 재판소에 회부되었다.

이 사건으로 조용수는 북한과 연루되었다는 죄목으로 언론인 사상 처음으로 사형에 처해졌다.

그러나 2006년 '진실 · 화해를 위한 과거사 정리 위원회'는 조용수에 대한 사형 판결을 위법한 것으로 규정하였다. 이어 2008년 1월 16일 서울중앙지법은 조용수에게 무죄를 선고하였다.

1957년 5월 19일

제1회 발명의 날 기념식

1957년 5월 19일, 상공부가 제1회 발명의 날 기념행사를 열었다.

우리 민족은 500여 년 전부터 세계 최초의 금속 활자, 측우기, 거북선 등을 발명하여 뛰어난 과학 정신과 민족의 우수성을 자랑하였다.

발명의 날은 이러한 민족의 우수성과 과학 정신을 이어받아 국민들의 발명 의욕을 촉진시키고 보호 · 육성하여 기술의 진보는 물론 국가 산업 발전에 이바지할 목적으로 제정되었다.

발명의 날은 장영실이 세계 최초로 측우기를 만든 후, 세종이 측우기를 공식적으로 사용하기 시작한 날을 기념하여 5월 19일로 정하였다.

한편 정부는 1973년 3월에 '각종 기념일 등에 관한 규정'에 따라 발명의 날을 3월 20일로 지정된 '상공의 날'과 통폐합하였다. 그러나

1982년 5월 19일에 한국특허협회가 한국발명특허협회로 확대 개편되면서 발명의 날이 부활되었다.

1999년부터는 법정 기념일로 채택되었다.

* 1441년 5월 19일 '세계 최초의 우량계인 측우기를 제작하다' 참조

5월의
모든 역사

5월 20일

1926년 5월 20일

한용운, 시집 『님의 침묵』을 출간하다

한용운이 신간회 경성지회장京城支會長으로 있을 때의 일이다. 하루는
전국에 공문을 돌려야 할 일이 생겨 봉투를 인쇄해 왔다. 그런데 봉
투 뒷면을 보니 일본 연호인 소화昭和가 찍혀있는 게 아닌가. 그는
순간 낯빛이 벌겋게 변하여 버럭 소리를 질렀다.

"누가 이 따위 봉투를 찍어온 게야?"

그러고는 금방 인쇄해 온 봉투들을 아궁이 속에 넣어 모두 불태워
버렸다. 당황스런 얼굴로 이 광경을 바라보던 사람들에게 한용운은
이렇게 말했다.

"소화昭和를 소화燒火해버리니 아주 시원하구만."

이 말은 일본을 불태워버려서 아주 속이 후련하다는 뜻이었다. 그
제야 사람들이 그의 속뜻을 알고 고개를 끄덕였다.

한용운은 조선 왕조의 황혼 녘인 1879년에 충청도 홍성에서 태어났다. 어릴 때부터 한학을 배웠는데 남다른 기억력과 이해력을 드러내 신동이라는 소리를 들었다. 그의 아버지는 가끔씩 역사상 의인들의 행적과 세상 돌아가는 형세를 한용운에게 설명해 주었다. 그때마다 한용운의 가슴에는 뜨거운 불길이 타오르고 자신도 그런 의인이 되겠다는 다짐을 하곤 했다.

1890년대에 들어서자 조선의 혼란은 더욱 심해졌다. 급기야 1894년에는 동학 교도와 농민들이 주축이 된 동학 농민 운동이 일어났다. 그는 16세의 어린 나이에 이런 현실을 눈으로 지켜보면서 큰 충격을 받았다. 이듬해 일본의 낭인들이 명성황후를 시해하자 울분을 이기지 못하고 홍성에서 일어난 을미 의거에 가담하였다. 하지만 의거가 실패로 끝나자 그는 고향을 떠나 설악산의 오세암으로 들어가 처음에는 머슴으로 일하다가 이후 출가하여 승려가 되었다.

1910년에는 일제에 의해 국권이 상실되자 슬픔과 분노를 이기지 못하고 만주로 건너갔다. 그곳에서 독립군 훈련장을 방문하여 독립 정신과 민족혼을 일깨워 주는 데 전력을 다하였다. 이후 다시 국내로 돌아와 친일 불교에 맞서 싸우고 불교 개혁을 위해 「조선불교유신론」을 저술하였다.

1919년 3·1운동 때에는 백용성과 함께 불교 대표로 적극 참여하여 민족 대표 33인 중의 한사람이 되었다. 이로 인해 3년간 옥살이를 하다 나왔다. 출옥 후에도 조국 독립을 위한 한용운의 활동은 멈추지 않았다.

그런 가운데 1926년 5월 20일에는 시집 『님의 침묵』을 발표하여 저항 문학에 앞장섰다. 여기에 실린 88편의 시는 민족의 독립에 대한 의지와 희망을 사랑의 노래로 표현하였다.

님은 갔습니다. 아아, 사랑하는 나의 님은 갔습니다.

푸른 산빛을 깨치고 단풍나무 숲을 향하여 난 작은 길을 걸어서, 차마 떨치고 갔습니다.

황금의 꽃같이 굳고 빛나던 옛 맹서는 차디찬 티끌이 되어서 한숨의 미풍에 날아갔습니다.

날카로운 첫 키스의 추억은 나의 운명의 지침을 돌려놓고, 뒷걸음쳐서 사라졌습니다.

나는 향기로운 님의 말소리에 귀먹고, 꽃다운 님의 얼굴에 눈멀었습니다.

사랑도 사람의 일이라, 만날 때에 미리 떠날 것을 염려하고 경계하지 아니한 것은 아니지만, 이별은 뜻밖의 일이 되고, 놀란 가슴은 새로운 슬픔에 터집니다.

그러나 이별을 쓸데없는 눈물의 원천을 만들고 마는 것은 스스로 사랑을 깨치는 것인 줄 아는 까닭에, 걷잡을 수 없는 슬픔의 힘을 옮겨서 새 희망의 정수박이에 들어부었습니다.

우리는 만날 때에 떠날 것을 염려하는 것과 같이, 떠날 때에 다시 만날 것을 믿습니다.

아아, 님은 갔지마는 나는 님을 보내지 아니하였습니다.

제 곡조를 못 이기는 사랑의 노래는 님의 침묵을 휩싸고 돕니다.

-한용운, 「님의 침묵」

그런데 이 시집의 표제작인 「님의 침묵」에서 '님'이 의미하는 존재가 과연 무엇이냐를 놓고 그동안 많은 논란이 있었다. 대개 부처, 조국, 연인의 세 가지 의미로 해석되어 왔다. 이것은 한용운의 입장 중 어느 것을 강조했느냐에 따라 발생한 것이었다. 승려라는 신분에서 보면 '부처'가, 독립운농가의 입장에서 보면 '조국'이 연결되는 것은 당연했다.

　그러나 작품 자체로만 놓고 보면 님이 부처나 조국이라는 직접적 근거는 없다. 그래서 이 틈을 비집고 님은 그냥 '연인'일 뿐이라는 아주 기본적인 해석이 등장했다. 이런 세 가지 해석이 서로 뒤엉키다가 지금은 세 가지가 모두 가능하다는 통합적 해석을 내리고 있다. 이런 '님'의 의미의 복합성 때문에 시가 더욱 아름답다는 평가를 받고 있다.

　그런데 한용운은 이 시집에 있는 '군말'에서 "님만 님이 아니라 그리운 것은 다 님이다."라고 밝히고 있다. 이 말은 님이 문자 그대로의 님이 아니라 무언가를 내포하고 있다는 뜻이다. 작품은 작가의 손을 떠나면 그 해석은 온전히 독자의 몫이라고 하지만 적어도 한용운이 그리는 님은 군말에 나오는 발언에 그 답이 숨어 있다고 생각된다.

　한용운은 말년에 주위에서 마련해 준 성북동 언덕바지에 심우장이라는 이름의 집을 짓고 살았다. 원래 집은 남향으로 짓는 게 보통이지만 그는 총독부가 보이는 게 싫다며 일부러 북향으로 지었다.

　그러나 그는 안타깝게도 조국의 광복을 1년 앞둔 1944년 6월 29일 중풍으로 생을 마감하였다.

* 1913년 5월 25일 '한용운, 『조선불교유신론』 간행' 참조

1935년 5월 20일

조선프롤레타리아예술가동맹 해체

조선프롤레타리아예술가동맹은 카프KAPF라고도 부르는데 이 단체는 사회주의 혁명을 목적으로 한 문학가들의 모임이다.

1917년 10월, 러시아 혁명 이후 세계적으로 프롤레타리아 혁명 기운이 팽배했다. 이 가운데 사회주의 사상을 받아들인 박영희, 김기진 등은 당시의 퇴폐적 · 감상적 문학 예술 활동을 비판하고 신경향파 문학 운동을 전개하였다.

1922년에는 사회주의 경향의 문인 단체인 염군사焰群社가, 1923년에는 파스큘라PASKYULA가 각각 조직되었는데, 카프는 이러한 조직이 통합 결성된 단체이다.

1926년 1월에는 기관지 『문예운동』을 발간하고 개성, 원산, 평양 및 도쿄 등 10여 개의 지부를 결성하여 200여 명의 회원을 확보하였다. 1931년에는 각 분야를 문학 동맹, 연극 동맹, 미술 동맹 등으로 분리하는 한편 예술 대중화론과 창작 방법론, 소비에트의 사회주의 리얼리즘의 수용 문제 등에 대해 논의하였다.

그러나 1931년부터 조직 내부의 갈등이 심화되어 1935년 5월 20일에 공식 해체를 선언하였다.

대표작으로는 조명희의 『낙동강』, 임화의 『우리 오빠와 화로』, 이기영의 『서화』 『고향』 등이 있다.

1949년 5월 20일

검찰, 국회 프락치 사건 발표

국회 프락치 사건은 남조선 노동당의 배후 조종을 받은 13명의 국회 의원이 제헌 국회에 침투하여 첩보 공작을 벌인 사건을 말한다.

1949년 5월 20일, 검찰은 자수한 남로당원 전우겸의 진술을 토대로 이문원, 최태규, 이구수 등 국회 소장파 의원 6명이 남로당의 지령을 받아온 증거를 포착해 구속했다고 발표했다.

검찰의 수사가 확대됨에 따라 김약수와 노일환, 배중혁 의원 등 총 13명이 체포되었다. 이른바 '남로당 프락치 사건'으로도 불리는 이 사건은 11월 17일에 진행된 첫 공판 이후 국가 보안법 및 형법 위반 혐의로 총 세 차례에 걸쳐 재판에 회부되었다.

이 사건으로 노일환, 이문원은 징역 10년, 나머지 11명도 최하 3년의 실형을 선고받고 서대문 형무소에 수감되었다. 이들은 1심 판결에 불복하여 항소하였으나 2심 계류 중에 6 · 25 전쟁이 일어나 모두 달아났다. 이로써 이 사건은 종료되었다.

2006년 5월 20일

박근혜 피습 사건 발생

2006년 5월 20일, 박근혜 한나라당 대표가 괴한들에게 피습을 당해 얼굴을 크게 다쳤다.

이 사건은 한나라당 오세훈 서울시장 후보의 지원 유세 현장에서 벌어졌다. 이날 오후 7시 30분께 박근혜 대표는 오세훈 서울시장 후보의 지지를 위해 연단에 오르던 중 괴한이 휘두른 흉기에 찔려 오른쪽 얼굴에 11cm 길이의 상처를 입었다.

사건 직후 박근혜 대표는 즉시 신촌 세브란스 병원으로 옮겨져 3시간 30분 동안 봉합 수술을 받았다. 범인이 휘두른 흉기는 10cm 가량의 커터 칼이었다. 병원 측은 상처가 조금만 더 깊었더라면 매우 위험한 상황이 될 수도 있었다고 밝혔다.

피의자는 직접 흉기를 휘두른 지충호 씨와 박 아무개였다. 이들은 박 대표가 유세 현장에 도착하자마자 바로 습격한 뒤 "박근혜 죽여라."라고 소리치며 소란을 피우다가 한나라당 당원들과 시민들에게 붙잡혀 경찰에 인계되었다. 지충호는 특수공무집행방해 등으로 이미 전과가 있었으며, 오랜 수감 생활에 불만을 품고 이 같은 일을 저질렀다고 말했다.

한편 한나라당은 사건 직후 비상대책회의를 소집해 이 사건은 '선거 테러'라며 철저한 진상 규명을 촉구했다.

1923년 5월 20일

사회주의 청년 단체, 토요회 조직

토요회土曜會는 민태흥, 현칠종 등을 중심으로 1923년 5월 20일 서울에서 조직된 사회주의 단체이다.

토요회는 당시 시대사조를 반영하여 유행된 사회주의 청년 단체의 하나로, 신사상연구회新思想硏究會를 개편하여 조직되었다. 단체로서의 선언문과 강령은 발표하지 않았다. 즉 토요회는 표면적으로는 거의 움직임이 없는 이름뿐인 단체로 활동하며 주로 비밀 지하 활동에 치중하였다.

당시 청년 운동의 흐름은 민족주의 계열의 서울 청년회와 공산주의 계열의 조선노동총동맹으로 나뉘어 전개되었다. 그중 토요회는 비밀리에 공산주의 청년회 조직을 준비하는 데 앞장섰다.

그러나 1924년 2월 11일에 신흥청년동맹新興靑年同盟이 창립되자 토요회는 해체되었다.

5월의
모든 역사

5월 21일

1762년 5월 21일

사도 세자, 뒤주에 갇혀 8일 만에 사망하다

"임금이 세자에게 명하여 자결할 것을 재촉하니, 조아린 세자의 이마에서 피가 나왔다. 세자가 자결하고자 했는데 신하들이 말렸다. 임금이 이어서 폐하여 서인을 삼겠다는 명령을 내렸다. 드디어 세자를 깊이 가두라고 명하였는데, 세손이 황급히 들어왔다. 임금이 혜경궁, 왕손 모두 좌의정 홍봉한의 집으로 보내라고 명하였는데, 이때 밤이 이미 반이 지났다."

-『영조실록』

　서울 종로구 명륜동에 있는 성균관대학교 정문에 들어서면 바로 왼편에 비석 하나가 서 있다. 일명 탕평비라 하는데 사도 세자가 8세의 나이로 성균관에 입학하자, 영조가 그것을 기념하기 위해 반수교 위에 세운 것이다. 친히 영조가 글씨를 썼다고 하는 이 비석에는 『예기』의 한 구절이 적혀있다.

　周而弗比 乃君子之公心
　신의가 있고 아첨하지 않는 것은 군자의 마음이요.
　比而弗周 寔小人之私意
　아첨하고 신의가 없는 것은 소인의 사사로운 마음이다.

　이것은 미래의 관리가 될 성균관의 유생들에게 경계심을 심어 주기 위한 것이었다. 그러나 사도 세자가 당쟁의 틈바구니에서 비참한 최후를 맞이하자 그 의미 또한 반감되었다.

　사도 세자는 조선 영조의 둘째 아들로 궁녀 출신인 영빈 이씨의 아들로 태어났다. 이복형인 효장 세자가 10세에 요절하자 2세 때 세자로 책봉되고, 10세에 혜경궁 홍씨와 결혼하였다. 그는 3세 때 이미 부왕과 대신들 앞에서 효경을 외울 정도로 영특했으며 천성이 어질고 너그러웠다. 또한 배우지 않고도 글씨와 그림에 뛰어났으며, 기골이 장대해서인지 자라면서는 무인의 기질도 보였다. 우스갯소리도 제법 잘했다고 하지만 큰 덩치와는 달리 성격은 매우 소심했던 것으로 알려져 있다. 이것은 부왕인 영조의 지나친 엄격함이 그를 짓누른 까닭이다.

　영조는 사도 세자가 15세 되던 해인 1749년에 대리청정을 맡겼다.

겉으로는 몸이 불편하다는 이유를 내세웠지만 실제로는 세자가 탕평 정치에 대한 감각을 빨리 익히도록 하려는 의도였다. 이때까지만 해도 부자간의 사이는 무난했다.

그러나 대리청정에 임하면서 사도 세자의 곁에 비극의 그림자가 서서히 드리워지기 시작했다. 『한중록』에서는 영조와 사도 세자의 판이한 성격이 서로를 어긋나게 했다고 지적했다. 영조가 판단이 민첩한 데 비하여 세자는 더딘 편이어서 영조가 무엇을 물어봐도 늘 머뭇거리기 일쑤였다는 것이다.

그래도 처음 3, 4년은 비교적 별 탈 없이 지나갔다. 그러다 당론의 처리 문제로 영조와 사도 세자는 제대로 틀어지기 시작했다.

소론의 이종성이 영의정에 임명되자 노론의 홍준해가 그를 공격하는 상소를 올렸다. 사도 세자는 이를 홍준해에게 되돌려주어 문제를 대충 무마하고자 하였다. 그러나 홍준해는 영조를 찾아가 다짜고짜 세자를 모함하였다.

당시 소론을 비호하는 듯한 세자의 태도에 노론이 견제한 것이었다. 영조는 홍준해의 말을 듣고 세자에게 "나를 대리하지 않고 자기 당만 모은다."라고 말하며 불같이 화를 냈다.

사도 세자는 영조의 노여움을 풀기 위해 거적을 깔고 석고대죄에 들어갔다. 이때 사도 세자는 홍역을 앓고 있었다. 그런데도 3일 동안 눈 위에 엎드려 죄를 빌었다. 그로부터 10여 일 만에 또다시 일이 터졌다. 영조가 사도 세자에게 왕위를 물려주겠다는 것이었다.

사도 세자는 이를 철회해 달라며 또 며칠 동안 얼음 위에서 댓돌에 머리를 찧었다. 이로 인해 몸이 망가져 자주 괴이한 행동을 저질렀다. 처음에는 공포증에 시달리더니 이어 깜짝깜짝 놀라는 경증을 보였다.

또 옷을 입을 때마다 벌벌 떨며 화를 내기도 하였다. 이때 마구 칼을 휘둘러 옆에서 시중을 들던 궁녀가 죽는 사고도 있었다.

세자의 비행과 악행이 거듭되자 영조는 더 이상 사도 세자를 두고 볼 수만은 없었다. 1762년에 나경언은 고변의 형식으로 영조에게 사도 세자의 비행 10여 조를 올렸다.

그 내용은 첩을 포함하여 여러 사람을 죽였다는 것, 비구니를 궁 안으로 불러들였다는 것, 시전 상인의 재물을 빌려 쓰고 갚지 않았다는 것, 평안도로 여행을 갔다는 것 등이었다. 그중 영조의 신경을 가장 자극한 것이 평안도 여행이었다.

사도 세자는 나경언의 고변이 있기 1년 전에 영조 모르게 3개월간 평안도에 다녀왔다. 그런데 그곳에는 조선의 정예군이 주둔하고 있고 군량미가 충분하다 하여 쿠데타 의혹이 제기되었던 것이다.

나경언의 고변에 분개한 영조는 사도 세자를 휘령전徽寧殿으로 불러 자결하라고 명하였다. 이에 사도 세자가 허리띠를 풀어 스스로 목을 매었으나 주위에서 재빨리 띠를 풀어 일단 죽음은 막았다. 세손인 정조가 들어와 영조의 마음을 돌리고자 하였지만 실패하였다.

결국 사도 세자는 뒤주에 갇히고 말았다. 사도 세자는 "폐위되어 서인이 되었으니 살려 달라."고 애원했지만 영조는 듣지 않았다.

사도 세자는 그렇게 8일을 뒤주 속에 갇혀 지내다 1762년 5월 21일에 결국 굶어 죽었다. 훗날 영조는 이를 애도하는 뜻에서 사도思悼라는 시호를 내렸으며 1777년에는 정조가 장헌 세자莊獻世子라는 존호를 올렸다. 1899년에는 장종莊宗으로 추존되었다.

한편 나경언의 고변은 노론 벽파가 사주한 것으로 밝혀졌는데 이것은 사도 세자가 권력 다툼의 희생양이 된 것을 증명한다. 나경언은 후

일 사도 세자의 비행을 과장하여 고발한 것이 탄로나 영조에게 주살誅殺
되었다.

* 1733년 1월 19일 '영조, 노론과 소론이 탕평할 것을 하교하다' 참조
* 1776년 3월 5일 '조선 제21대 왕 영조 승하' 참조
* 1776년 3월 10일 '정조가 즉위하다' 참조

1947년 5월 21일

제2차 미소공동위원회 개최

1947년 5월 21일, 제2차 미소공동위원회美蘇共同委員會가 개최되었다

미소공동위원회는 미국과 소련이 한반도의 임시정부 수립을 지원하
기 위해 개최한 회의로 1946년 3월에 서울 덕수궁에서 첫 번째 회의가
열렸다.

제2차 회의는 처음에는 진전되는 것처럼 보였으나 소련의 무리한
요구로 결렬되었다. 소련이 공동 위원회 참가를 위해 등록한 남한 측
425개의 단체를 118개로 줄일 것을 요구했기 때문이다.

특히 소련은 모스크바 삼상회의 결정에 반대하는 정당과 회원 1만
명 이하의 군소 단체는 협의 대상에서 제외할 것을 주장했다. 이에 대
해 미국은 반탁 운동을 '의사 표현의 자유'로 간주하며 소련의 제의를
거부했다.

결국 미소공동위원회는 회의 기간 내내 미국과 소련의 대립, 남한
내 정치 세력 간의 갈등 등으로 어떠한 합의도 이루어내지 못한 채

1947년 10월 21일에 해산되었다.

—

2000년 5월 21일

대한극장 철거

—

대형 극장 시대를 주도했던 대한극장이 2000년 5월 21일, 「징기스칸」 상영을 마지막으로 철거에 들어갔다.

대한극장은 1955년 서울 중구 충무로에 1,900여 개의 좌석을 갖추고 개관하였다.

이 극장의 설계는 미국 20세기폭스필름이 담당하였다. 국내 최초로 70mm 영사기를 도입하고, 초대형 스크린에 최첨단 음향 시스템을 구축하였다.

개관 이후 「벤허」 「사운드 오브 뮤직」 「킬링 필드」 「마지막 황제」 등의 대작 위주의 상영을 계속하며 호황을 누렸다. 한창 때에는 연 최고 관객 동원의 수가 146만 명에 이르렀다.

그러나 1990년대 들어 영화관의 시설 경쟁이 본격화되면서 대한극장도 쇠락하기 시작하였다. 이후 극장의 형태가 쇼핑과 식사까지 한 번에 해결할 수 있는 멀티플렉스관으로 전환됨에 따라 대한극장도 재개관을 결정하였다.

대한극장은 총 공사비 250억 원을 투입하여 2001년 12월, 11개의 상영관을 갖춘 초대형 영화관으로 새롭게 재탄생하여 명실공히 국내 최고의 극장으로 자리매김하였다.

2003년 5월 21일

부부의 날 제정

부부의 날은 우리나라의 목사 부부에 의해 세계 최초로 시작되었다.

경상남도 창원에서 목회 생활을 하고 있던 권재도 목사는 어린이날 TV에서 "소원이 뭐냐?"는 질문을 받은 한 초등학생이 "우리 엄마 아빠와 함께 사는 거요."라고 대답하는 것을 보고 부부의 날 제정을 결심했다고 한다.

1995년부터 가정의 달 5월에 둘(2)이 하나(1)가 된다는 의미를 담아 5월 21일을 부부의 날로 정하여 기념해 왔다. 이어 뜻을 같이하는 사람들과 '부부의 날 위원회'를 조직하여 기념일 제정 운동을 전개해 왔다.

'부부의 날 위원회'가 제출한 '부부의 날 국가 기념일 제정을 위한 청원'이 국회 본회의에서 결의됨에 따라 2003년부터 매년 5월 21일이 부부의 날로 정해졌다.

행정자치부는 '각종 기념일 등에 관한 규정'을 고쳐 2007년부터는 부부의 날을 어린이날이나 어버이날처럼 법정 기념일로 제정하였다.

5월의
모든 역사

5월 22일

1388년 5월 22일

이성계, 위화도 회군으로 실권을 장악하다

조선의 초대 왕 태조 이성계는 1335년 함경도 영흥에서 태어났다. 그는 고려의 무신武臣 가문 출신으로 어릴 때부터 말을 잘 타고 활을 잘 쏘았다. 특히 그의 활 솜씨는 거의 신기에 가까워 '신궁神弓'이라는 별명이 붙었다. 그는 박의의 난, 나하추의 침입, 홍건적과 왜구의 침략 등을 격퇴하면서 고려 정계에 그 위치를 확고히 하기 시작했다.

이성계는 정도전과 조준, 권근 등 신진 사대부들과의 교류를 통해 그 지지층을 넓혀나갔는데 이들과의 결합은 이성계가 대권에 한발 더 다가갈 수 있는 밑바탕이 되었다.

그러나 이성계의 운명을 바꿔 놓은 가장 결정적인 사건은 '위화도 회군'이었다.

1388년 2월, 명나라 홍무제는 철령(톄링) 이북의 땅에 철령위를 설치하여 직접 다스릴 것을 지시하였다. 이런 사실이 명나라에 다녀온 사신을 통해 알려지자 고려에서는 비상이 걸렸다. 고려는 박의중을 보내 철령 이북은 고려의 땅이라고 주장했다.

그러나 명나라는 이를 무시하고 왕득명을 보내 철령위 설치를 통고해 버렸다. 이에 우왕과 최영은 요동 정벌을 결정했다. 우왕은 출병하기 전 해주로 사냥을 떠난다고 발표했는데 이는 정벌을 감추기 위한 일종의 위장 전술이었다. 평양을 거쳐 봉산에 도착한 우왕은 최영과 이성계를 불러 정식으로 요동 정벌의 뜻을 밝혔다.

그러나 이성계는 네 가지 이유를 들어 요동 정벌에 반대하였다. 이성계의 반대 이유는 분명 타당성이 있었지만 최영의 의지는 단호했다. 이성계는 한발 양보하여 가을에 군대를 출병시키자고 제안했으나 이것도 묵살되었다. 우왕은 서경으로 가서 징병을 독촉하고 압록강에 부교를 설치하도록 명령하였다. 이어 왜구의 침입에 대비해 동강과 서강에 경기 일대의 병력을 배치하였다.

1388년 4월, 우왕은 최영을 팔도도통사로 삼고 조민수와 이성계를 좌우사령관으로 임명하여 요동 정벌을 단행하였다. 이때 동원된 병력은 대략 5만 명인데 적군의 사기를 죽이기 위해 10만 대군이라고 큰소리쳤다.

5월 7일, 정벌군은 뗏목과 부교를 이용해 압록강 중간에 있는 위화도에 도착했다. 이때 갑자기 큰 비가 내려 강물이 부는 바람에 많은 병사들이 물에 빠져 죽었다. 이때 이성계는 빗물이 넘쳐 강을 건너기가 힘들다며 우왕에게 회군을 요청했다.

그러나 우왕과 최영은 금과 비단, 말 등을 위화도로 보내 진군을 독려하였다. 북원에도 사람을 보내 협공을 요청했지만 이미 사막 지대로 쫓겨 간 그들은 움직일 힘이 없었다. 이성계가 다시 회군을 요청했지만 최영은 연락병을 심하게 꾸짖어 보냈다. 그러자 이성계는 조민수를 회유하여 개경으로 말머리를 돌리고 말았다. 1388년 5월 22일이었다.

이것이 '위화도 회군'으로서 이는 조선 왕조의 개창을 알리는 신호탄이 되었다. 마지못해 요동 정벌에 나섰던 이성계가 일단 위화도까지 진출은 했으나 끝내 군사를 돌이키고 말았던 것이다.

고려군의 주력은 정벌군이었기 때문에 우왕과 최영으로서는 이들 쿠데타 세력을 막을 수가 없었다. 결국 쿠데타는 성공했고 이성계는 일약 고려 최고의 실력자로 떠올랐다. 이제 이성계가 왕위에 오르는 것은 단지 시간 문제였다. 그의 쿠데타에 힘을 실어준 것은 성리학을 신봉하는 신진 사대부들이었다.

위화도 회군 후 4년이 지난 1392년 7월, 이성계는 마침내 여러 신하들의 추대를 받아 왕위에 올랐다. 처음에는 민심을 염려하여 국호는 그대로 고려로 두었으나 이듬해 조선朝鮮이라 고쳤다. 1394년에는 수도를 한양으로 옮겼다. 이것은 고려의 본거지인 개경을 벗어남으로써 새로운 지배 계층을 형성하려는 의도에서 비롯된 것이었다.

조선의 3대 기본 정책은 억불숭유, 농본주의, 사대주의였다. 즉 성리학을 신봉하고 고려 말기의 부패한 불교의 폐단을 비판하였던 신진 사대부들의 이념이 반영된 숭유억불, 농업을 국가의 중심 산업으로 하는 농본주의, 성리학적 사대교린 정책이 조선의 중심 사상이 된 것이다.

한편 이성계는 논공행상으로 조선 창업에 공을 세운 이에게 개국 공신의 호를 주고 전지田地와 노비를 내리어 왕권을 튼튼히 하였다. 또한 우리나라 최초의 법전인 『경제육전』을 편찬하게 하여 법제의 정비를 서두르고 국가 체제 정비에 힘썼다.

이렇듯 하나하나 새 왕조의 기반을 닦아 나가는 가운데 왕자들 사이에서는 치열한 왕위 쟁탈전이 벌어졌다. 연이어 벌어지는 자식들의 권력 다툼에 크게 상심한 이성계는 1398년 9월에 둘째 아들 방과(훗날 정종)에게 왕위를 물려주고 고향인 함경도로 들어가 돌아오지 않았다.

말년에는 불교에 전념하다 태종 8년(1408)에 병석에 누웠다. 이에 태종이 어의를 벗고 약사불 앞에 꿇어 앉아 친히 향불을 피우며 태조의 쾌유를 빌었으나 끝내 1408년 5월 24일 말년의 한을 가득 품은 채 숨을 거두었다.

사후 경기도 구리시 동구릉 터에 최초로 안장되었으며 묘호廟號는 태조, 능호는 건원릉健元陵이다.

* 1388년 3월 8일 '최영, 팔도도통사 임명' 참조
* 1388년 4월 18일 '고려의 최영 장군, 요동 정벌에 나서다' 참조
* 1393년 2월 15일 '국호를 조선으로 정하다' 참조
* 1398년 8월 26일 '제1차 왕자의 난이 일어나다' 참조
* 1400년 1월 28일 '조선, 제2차 왕자의 난이 일어나다' 참조
* 1400년 2월 4일 '방원을 세자로 책봉하다' 참조

1907년 5월 22일

이완용 내각 성립

이완용은 일찍이 미국의 문물을 접하면서 친미주의 개화파 관료가 되었다. 그러나 1896년에 일본과 청나라 세력을 제거하기 위해 아관파천을 단행함으로써 친미파에서 친러파 관료로 갈아탔다.

그는 외부대신과 농상공부대신 서리 등 요직을 겸하여 대한제국 시기에 고종의 두터운 신임을 얻었다. 이때까지만 해도 이완용은 친일파 관료들에 맞서 대항하였다.

그러나 1904년 러일 전쟁에서 전세가 일본으로 기울어짐에 따라 대한제국은 일본으로부터 국권 침탈의 위협을 받게 된다. 이때 이완용은 친일파로 전향한다.

1905년에는 학부대신 겸 외부대신 서리가 되어 그해 11월 을사조약 체결에 앞장서 최악의 매국노가 되었다. 이때 이완용은 이토 히로부미의 후원으로 12월에는 의정대신 서리, 외부대신 서리를 겸하였다. 1907년에는 의정부 참정이 되었으며 의정부를 내각으로 고친 다음 이토 히로부미의 추천으로 내각 총리대신이 되었다.

1907년 5월 22일에 성립된 이완용 내각은 이토 히로부미의 주도대로 한일신협약(정미7조약)에 서명하고 인사, 입법, 행정 등 주요 권한을 일본에 넘겼다.

1909년 7월에는 이완용 단독으로 기유각서己酉覺書를 맺어 대한제국의 사법권마저 일본에 넘겨주었고, 1910년 8월에는 한일병합조약서에 도장을 찍어 대한제국의 국권을 일본에 넘겨 버렸다.

그 대가로 이완용은 일본 작위에서 2번째로 높은 백작을 수여받아 천수를 누린 후 1926년에 사망하였다.

* 1926년 2월 11일 '매국노 이완용 사망' 참조

1984년 5월 22일

서울 지하철 2호선, 전 구간 개통

1984년 5월 22일, 시청 앞~서울대 입구 간 19.2km 구간이 운행을 시작함으로써 서울 지하철 2호선의 전 구간이 개통되었다.

서울 지하철 2호선은 구로구를 포함하여 서울 지역을 순환하는 도시 지하철로 서울의 도시 구조를 바꾼 노선으로 평가받고 있다.

특히 을지로 순환선은 연장 48.8km로 세계에서 가장 긴 순환선이다. 이날 개통된 구간은 총 16개 역으로 2호선 전체를 한 바퀴 도는 데 83분이 소요됐으며, 개통 당시 요금은 110원에서 최고 180원이었다.

서울 지하철 2호선 공사에 투입된 공사비만 8,700억 원으로 잠실, 영등포 등의 부도심권과 도심을 직접 연결함으로써 도시 기능 분산에 크게 기여하였다.

이로써 서울은 본격적인 지하철 시대를 맞이하게 되었다.

1974년 5월 22일

아산만 방조제 완공

아산만 방조제는 충청남도 아산시 인주면 공세리와 경기도 평택시 현덕면 권관리 사이에 있는 방조제이다.

아산만은 본래 연안 어업과 굴·조개·김 양식장 및 염전 등으로 사용되던 한적한 만으로 행정 구역상 넓게는 경기도 화성시, 평택시, 충청남도 아산시, 당진군, 서산시 등이 해당된다.

이 지역은 우리나라에서 조석 간만의 차가 가장 심한 곳이다. 이 때문에 아산만으로 흐르는 하천 주변의 농경지에 많은 소금물이 유입되어 농사에 피해를 입혔다.

이러한 피해를 근본적으로 해결하고 이 일대를 관광지로 개발하고자 아산만 방조제 건설이 시작되었다. 1973년부터 착공하여 1974년 5월 22일에 완료되었다.

아산만 방조제 건설로 형성된 거대한 아산호는 농업용수와 공업용수로 사용되었다. 그 뒤 1979년에 삽교호 방조제, 1995년에 석문 방조제, 2003년에 화옹 방조제가 건설되었다.

2001년 12월에는 서해안 고속도로 전 구간이 개통되어 관광객이 크게 증가하였으며, 정부 및 각 지방 자치 단체에서 조성한 산업 단지들이 들어서 다양한 기간산업들의 발전이 가속화되었다.

5월의
모든 역사

5월 23일

■
■
■

2009년 5월 23일

노무현 전 대통령 서거

너무 많은 사람들에게 신세를 졌다.
나로 말미암아 여러 사람이 받은 고통이 너무 크다.
앞으로 받을 고통도 헤아릴 수가 없다.
여생도 남에게 짐이 될 일밖에 없다.
건강이 좋지 않아서 아무것도 할 수가 없다.
책을 읽을 수도 글을 쓸 수도 없다.

너무 슬퍼하지 마라.
삶과 죽음이 모두 자연의 한 조각 아니겠는가?
미안해 하지 마라.
누구도 원망하지 마라.
운명이다.

화장해라.
그리고 집 가까운 곳에 아주 작은 비석 하나만 남겨라.
오래된 생각이다.

-노무현, 「유서」

제16대 대통령을 지낸 노무현은 1946년 경상남도 김해군 진영읍(현 김해시 진영읍)에서 3남 2녀 중 막내아들로 태어났다. 그는 학창 시절 가난으로 결석이 잦았으나 학업 성적은 우수한 편이었다. 1975년 제17회 사법 시험에 합격하였다. 당시 유일한 고졸 출신이었다.

노무현은 재야 활동 당시 통일민주당 총재이었던 김영삼에게 발탁되어 정계에 입문하였고, 1988년 제13대 총선에 출마하여 국회의원에 당선됐다. 그는 국회 노동 위원회에서 활발한 활동을 벌여 이해찬, 이상수 의원과 함께 '노동 위원회의 3총사'로 불렸다.

그리고 마침내 2003년 2월 25일에는 참여 정부를 표방하며 제16대 대통령으로 취임하였다. 그러나 재임 1년 만인 2004년 3월 야당 국회의원 193명의 주도로 현직 대통령에 대한 탄핵소추안이 가결됨에 따라 63일간 '대통령직 정지'라는 사상 초유의 사태를 맞기도 하였다.

2008년 2월에는 대통령 임기를 마치고 고향인 경상남도 김해시 진영읍 봉하 마을로 귀향하여 전원생활을 했다. 퇴임 후 고향으로 내려간 첫 대통령으로 꼽혔으며, 그의 귀향으로 봉하 마을에 지지자 및 관광객들의 발길이 끊이지 않았다.

그러나 그해 7월, 재임 당시의 기록물을 가지고 귀향한 것과 관련하여 '국가 기록물 무단 유출'과 관련된 혐의로 검찰의 조사를 받았다. 12월에는 세종 증권 매각 비리 의혹과 관련하여 친형 노건평이 구속되었다.

2009년에는 검찰의 박연차 정·관계 로비 사건 수사가 노무현의 측근 세력들을 중심으로 확대되면서 부인 권양숙을 비롯하여 아들과 딸 등의 비리 의혹이 제기되었다.

노무현은 재임 기간 친인척의 비리를 경계하여 인명부를 작성하는 등 친인척 비리를 근절하려고 힘썼으나 가족의 금품 수수 건으로 끝내 검찰 소환 조사를 받게 되었다. 본인이 직접 금품을 수수한 것은 아니지만 여러 정황상 금품수수 사실이 기정사실화되어 비판이 끊이지 않았다.

그 뒤 2009년 5월 23일 오전 6시 40분께, 노무현은 경호원과 함께 사저 뒷산에서 등산하던 중 부엉이 바위에서 투신하였다. 사건 직후 인근 병원으로 긴급히 호송됐으나 다발성 골절로 이미 소생할 수 없는 상황이었다.

당일 오후 6시 30분, 봉하 마을 회관에 빈소가 마련되었다. 노무현 전 대통령의 사망 소식이 전해지자 전국 80여 곳에 분향소가 설치되었고 봉하 마을에는 조문객의 추모 행렬이 계속되었다. 국민장 기간이 끝날 때까지 100만 명 이상의 추모객이 봉하 마을을 찾았다.

세계 150여 해외 공관에 설치된 분향소에도 힐러리 클린턴 국무장관, 원자바오 총리 등 각국 주요 인사가 추모 행렬에 동참했다. 장례는 국민장으로 5월 29일 오전 11시 서울 경복궁 흥례문 앞뜰에서 가족, 정부, 종교 단체 인사들이 참석한 가운데 치러졌다.

노무현 전 대통령의 서거 소식으로 온 국민들은 큰 충격에 휩싸였다. 갑작스러운 죽음을 둘러싸고 한때 인터넷을 중심으로 근거 없는 타살설과 음모론이 떠돌기도 했다.

당시 경찰은 실족사에 무게를 두고 사망 원인을 조사했으나 집을 나설 당시 평소와 달리 권양숙 여사, 보좌관 등 측근에게 알리지 않고 경호원만을 대동한 점, 뒷산의 경사가 완만하다는 점 등을 종합해 투신자살로 최종 결론지었다.

노무현이 사망함으로써 검찰은 '공소권 없음' 처분을 내리고 관련된 모든 수사의 종료를 결정하였으며 박연차의 정·관계 로비에 관한 수사도 장례가 마무리될 때까지 중단되었다.

그러나 당시의 검찰 수사에 대해서는 형평성을 잃었다는 여론이 비등했으며 노무현에 대한 정치 보복이라는 말도 시중에 떠돌았다. 박연차 관련 수사는 노무현 주변 인물들에게 집중되었고, 이명박 대통령의 친형인 이상득 의원에게는 무혐의 처분을 했다는 사실 등은 그러한 의혹에 더욱 힘을 실었다.

* 2004년 5월 14일 '헌법재판소, 노무현 대통령의 탄핵소추안을 기각하다' 참조
* 2003년 2월 25일 '노무현, 제16대 대통령 취임' 참조

—
1985년 5월 23일

서울 미국 문화원 점거 농성 사건
—

"광주 사태에 관해 솔직히 사과하고 우리의 민주 회복을 진정으로 도와줄 때 비로소 올바른 한미 관계가 이룩된다."

-함운경

1985년 5월 23일, 서울의 5개 대학의 남녀 대학생 73명이 서울 소공동에 있는 미국 문화원 2층 도서관을 기습 점거했다.

이들은 5·18 광주 민주화 운동의 무력 진압을 미국이 묵인한 데 대해 당시 주한 미국 대사 리처드 워커와의 면담을 요구하며 농성을 벌였다. 또한 한국 군부 정권에 대한 미국의 지원 철회를 요구하였다.

이들은 점거 농성을 시작한 지 72시간 만에 스스로 나와 경찰에 연행됐다. 당시 농성을 주도했던 함운경, 김민석 등 25명의 학생이 구속되었고, 43명은 구류, 5명은 훈방 조치 되었다.

이 사건은 광주 학살을 외면하고 신군부를 지지한 미국에 대한 항거로서 민족의 자존을 일깨운 중요한 사건으로 평가되었다.

—

1954년 5월 23일

이승만 대통령, '대처승은 사찰에서 물러나라' 담화 발표

—

불교계의 정화 운동은 이승만 대통령의 담화를 계기로 시작되었다. 1962년 4월에 통합 종단이 출범하기 전까지 '정화淨化'는 불교계의 화두였다.

1954년 5월 23일, 이승만 대통령은 '대처승은 사찰에서 물러나라'라는 내용의 담화를 발표했다. 대처승이란 살림을 차리고 아내와 자식을 거느린 승려를 말한다.

이것이 불교 정화 운동을 위한 제1차 담화였다. 당시 전국 사찰의 90%를 대처승이 차지하고 있었다. 첫 담화 이후 정화 회의가 열렸으나 비구승과 대처승 양측은 의견 차이를 좁히지 못한 채 힘겨루기를 계속하였다. 이후 불교 정화 운동이 점점 비구승과 대처승 간의 싸움으로 변해갔다.

이 때문에 1955년 12월 8일까지 모두 8차례 불교 정화를 촉구하는 담화가 계속되었으나 양측의 대립은 더욱 격렬해졌다.

결국 1970년에 대처승들이 태고종이라는 종단을 만들어 비구승 종
단과 결별을 고함으로써 이 분쟁은 끝이 났다.

—

1977년 5월 23일

시인 김광섭 사망

—

1977년 5월 23일, 「성북동 비둘기」로 잘 알려진 시인 김광섭이 사망
하였다.

김광섭은 1927년 창간된 『해외 문학』과 1931년 창간한 『문예 월간』
동인으로 문학 활동을 시작하였다. 1938년에 제1시집 『동경』을 시작으
로, 1949년에 제2시집 『마음』, 1957년에 제3시집 『해바라기』를 발표하
였다.

1966년에는 김광섭의 대표작으로 손꼽히는 「성북동 비둘기」를 발표
하였다. 「성북동 비둘기」는 현대 문명에 파괴되는 자연에 대한 향수를
노래한 것으로, 이 작품에서 인생, 자연, 문명에 대한 통찰을 보여 주었
다. 특히 '새벽부터 돌 깨는 산울림에 떨다가' '금방 따낸 돌 온기에 입
을 닦는다' 등의 부드럽고 원숙한 묘사로 자연 파괴의 실상을 적나라하
게 노래하였다.

김광섭은 민족적 지조를 고수한 시인으로 관념적이고 지적인 언어로
인간성과 문명의 괴리 현상을 서정적으로 묘사하여 문단의 주목을 받
았다.

1969년에 대한민국 문화예술상을, 1970년에 국민훈장 모란장을 수
상하였다.

1999년 5월 23일

송일곤 감독의 「소풍」,
칸 영화제 심사 위원상 수상

1999년 5월 23일, 제52회 칸 영화제에서 송일곤 감독의 「소풍」이 한국 영화 역사상 처음으로 단편 경쟁 부문에서 심사 위원상을 수상했다.

송일곤 감독은 서울예술대학 영화과를 졸업하고 폴란드 우츠 국립 영화 학교에서 유학하였다. 그는 1998년에 제작한 전쟁 단편 영화 「간과 감자」 등의 작품으로 폴란드 토룬 국제 영화제와 시에나 국제 영화제 등에서 주목을 받았다.

「소풍」은 실화를 바탕으로 재구성한 것으로, IMF 시절 한 젊은 사업가 가족의 동반 자살을 소재로 하여 동반 자살의 폭력성을 최대한 객관적으로 보여 주었다.

이 영화는 이야기의 전개 과정이나 배경 설명에서 뛰어난 압축미를 살렸다는 평가를 받았다. 또한 주연 배우들의 섬세한 연기력이 좋은 평가를 받으며 심사위원상 수상의 영예가 주어졌다.

이 외에도 「소풍」은 1999년 제48회 멜버른 국제 영화제 대상, 1999년 바르셀로나 독립영화제 최우수단편상 등을 수상하였다.

5월의
모든 역사

5월 24일

2004년 5월 24일

국내 상장 기업 제1호 조흥은행의
마지막 주주 총회가 열리다

1956년 증권거래소 개설 당시 첫 상장 주식으로서 48년간 거래됐던 조흥은행 코드 번호 '000010'번을 신한지주가 승계하는 방안에 대해 증권거래소에 검토를 요청했으나 시스템 축적 및 관리상 문제로 불가하다는 입장을 통보받았다. 이에 따라 조흥은행 코드 번호는 농구 스타 마이클 조던의 등번호 23번처럼 영구결번 돼 계속 역사에 남게 될 것이다.

-최동수

2004년 5월 24일, 우리나라 상장 기업 제1호인 조흥은행이 상장사로
는 마지막 주주 총회를 치렀다.

서울 광교 본점 대회의실에서 열린 주주 총회에서는 '신한금융지주
회사의 완전자회사를 위한 주식 교환 계약서 승인의 건' 단 1개의 안건
만 상정됐다.

안건 상정에 앞서 최동수 조흥은행장은 "IMF 외환위기를 맞은 지난
1997년 이후 작년까지 배당을 하지 못했고 감자減資, 파업 및 연달은 대
형 적자로 주가도 액면가의 1/2 수준에 머무는 등 여러 주주님께 재산
상의 피해를 드린 점에 대해 진심으로 머리 숙여 사죄드린다."라고 말
하며 끝내 눈물을 보였다.

주주 총회는 '주식 교환 승인'이라는 안건보다는 국내 증권 거래소 상
장 주식 제1호인 조흥은행이 갖는 '마지막 주주 총회'라는 점이 더욱 눈
길을 끌었다. 조흥은행이 신한금융지주의 자회사가 됨에 따라 조흥은행
주식 7.38주당 신한금융지주 주식 1주를 교환하는 안건이 결의됐다.

주주 총회는 약 15분 만에 끝났다. 이로써 107년 역사의 국내 최고最
古 은행인 조흥은행이 증권 거래소에서 거래를 시작한 지 48년 만에 증
권 시세표에서 이름을 내리게 됐다.

조흥은행의 전신은 1897년 2월에 세워진 한성은행이다. 한성은행은
구한말, 순수 민족 자본으로 설립된 대한민국 최초의 민간 상업 은행이
다. 1943년 10월에는 한성은행과 동일은행이 합병하여 조흥은행으로
상호를 바꾸었다.

1956년 3월에는 증권 거래소에 상장되었고, 1979년 11월에는 우리
나라 최초로 현금자동입출금기ATM를 도입하였다. 1995년에는 한국기
네스협회로부터 대한민국에서 가장 오래된 은행으로 기네스에 등재되

었다.

조흥은행은 1980년대 이후로 한국상업은행, 제일은행, 한일은행, 서울은행과 더불어 우리나라의 5대 은행 중 하나로 손꼽힐 정도로 총자산의 규모가 컸다. 그러나 1997년 초부터 부실 채권의 규모가 커져 경영 상태가 악화되어 한 차례 위기를 맞았으나 2000년 상반기 527억 원의 흑자를 기록하여 금융 구조조정에서 독자 생존 가능 판정을 받았다.

그러나 2002년 말, 신한금융지주회사로의 매각을 적극 추진되어 결국 2003년 9월에 신한금융지주회사에 편입되었다.

2004년 7월에 상장 폐지 절차를 밟은 후 2006년 4월에 신한은행과 통합되면서 상호가 신한은행으로 변경되었다.

1923년 5월 24일

김규식, 만주에 고려혁명군 조직

1923년 5월 24일, 의병장 출신인 김규식, 고평 등이 만주 연길현 명월구에서 무장 독립운동 단체인 고려혁명군을 조직하였다.

고려혁명군은 북간도를 근거지로 항일 투쟁을 전개했던 의군부를 재편한 항일 부대였다.

의군부는 1919년 4월에 만주 북간도에서 조직된 항일 무장 독립운동 단체로, 1920년 봉오동 전투와 청산리 대첩을 치른 후 다른 독립군 단체와 함께 러시아 땅으로 들어갔다.

그러나 1921년 6월, 한국 독립군 부대와 러시아 적군이 교전을 벌인 이른바 자유시 사변自由市事變을 겪은 후 다시 연길현으로 돌아왔다. 그러

나 그들을 기다리고 있는 것은 추위와 식량난이었다. 이듬해 이러한 소
식이 상하이 임시정부에 전해졌고 이에 임시정부가 군자금 50원을 지
원하여 고려혁명군이 조직될 수 있었다.

고려혁명군은 약 400여 명으로 조직되었는데 의군부 시절의 실전 전
투 경험을 살려 전면적으로 재탄생하였다. 국민 모두가 병역의 의무를
갖는 국민개병 제도國民皆兵制度를 선택하였으며 표면적으로는 농민을 가
장하여 항일 투쟁 운동을 전개하였다.

* 1921년 6월 27일 '자유시 사변이 발발하다' 참조

—

1995년 5월 24일

추상 조각의 거장, 조각가 문신 별세

—

추상 조각가의 거장으로 불리는 조각가 문신文信은 1923년 일본 규슈
에서 태어났다.

문신은 일본 도쿄 미술학교에서 서양화를 전공한 후 1945년부터 국
내에서 화가로 작품 활동을 하였다. 그러나 1961년에 프랑스로 건너가
고성을 뜯어 고치는 석공 일을 하면서 본격적으로 조각가의 길로 들어
섰다.

문신은 1970년에 프랑스 포르 발카레스 국제 조각 심포지엄에 출품
한 「태양의 인간」을 통해 세계적인 조각가로 거듭났다. 이후 프랑스,
독일, 스위스 이란 등에서 다수의 작품을 발표하며 활발히 활동하다가
1980년에 영구 귀국하였다.

현재 올림픽 공원에 있는 25m 높이의 「올림픽1988」은 서울 올림픽을 기념하여 제작된 것으로 그의 대표작으로 손꼽히고 있다.

문신은 1991년에는 동양인 최초로 유고와 헝가리 등지에서 순회 전시를 개최하여 '미래가 기억해야 할 위대한 예술가'라는 격찬을 받았다. 그의 조각 작품들은 우리의 전통 도자기를 연상케 하는 유연한 선, 절제와 균형의 아름다움으로 많은 사람들의 사랑을 받았다.

1994년에는 사재를 털어 그의 고향 마산에 '문신 미술관'을 지었으나 이듬해인 1995년 5월 24일에 지병으로 사망하였다.

사후 대한민국 금관문화훈장이 추서되었으며 그의 유언에 따라 문신 미술관은 마산시에 기증되었다.

1947년 5월 24일

근로인민당 발족

1947년 5월 24일, 여운형을 중심으로 근로인민당勤勞人民黨이 발족되었다.

근로인민당은 좌우 합작을 정치 노선으로 하여 조직된 정당으로, 위원장 여운형, 부위원장 장건상·이영·백남운, 서기장 이만규 등으로 구성되었다. 이들은 진보적 민족 문화 건설과 전 인류의 문화 향상 공헌 등을 강령으로 택하였다.

그러나 근로인민당은 당내 파벌이 복잡하여 그 정치 노선을 둘러싸고 잡음이 끊이지 않아 당 운영에 난항을 겪었다. 그해 7월 19일 당 대표인 여운형이 암살당한 후에도 좌파와 우파 간의 대립은 계속되다가 1949

년에 독립노동당에 흡수되었다.

5월의
모든 역사

5월 25일

1942년 5월 25일

「메밀꽃 필 무렵」의 저자 이효석이 사망하다

이지러는 졌으나 보름을 갓 지난 달은 부드러운 빛을 흐뭇이 흘리고 있다. 대화까지는 팔십 리의 밤길, 고개를 둘이나 넘고 개울을 하나 건너고, 벌판과 산길을 걸어야 된다. 길은 지금 긴 산허리에 걸려 있다. 밤중을 지난 무렵인지 죽은 듯이 고요한 속에서 짐승 같은 달의 숨소리가 손에 잡힐 듯이 들리며, 콩포기와 옥수수 잎새가 한층 달에 푸르게 젖었다. 산허리는 온통 메밀밭이어서 피기 시작한 꽃이 소금을 뿌린 듯이 흐뭇한 달빛에 숨이 막힐 지경이다. 붉은 대궁이 향기같이 애잔하고 나귀들의 걸음도 시원하다.

-이효석, 「메밀꽃 필 무렵」

일본에서 2004년 최고의 유행어는 단연 '욘사마'였다고 한다. 당시 드라마 「겨울연가」의 촬영지였던 남이섬도 덩달아 일본인 관광객들로 넘쳐났다고 하니 그 파급 효과는 혀를 내두를 정도이다. '욘사마' 열풍이 창출한 경제적 효과가 무려 3조 원이 넘는다는 계산도 나왔다.

한편 문학 작품의 경제적 파생 가치도 드라마나 영화에 결코 뒤지지 않는다. 조선 효종 2년(1651)에 윤선도가 보길도를 배경으로 지은 40수의 시조 「어부사시사」나 1936년에 이효석이 발표한 단편 소설 「메밀꽃 필 무렵」의 배경이 되는 평창은 이 같은 사실을 잘 증명하고 있다.

특히 「메밀꽃 필 무렵」의 무대인 봉평에서 대화까지 팔십 리 길에 대한 묘사는 한국 문학 사상 가장 빼어난 길로 두고두고 손꼽히는 대목이다. 지금도 매년 이곳에서는 문학 축제가 벌어지고 있다. 오히려 장기 지속이라는 측면에서는 드라마나 영화보다 문학 작품이 더 큰 효과를 나타낸다고 볼 수 있다.

이효석은 1907년 2월 23일, 강원도 평창군 봉평에서 태어났다. 그는 5세 때 어머니를 잃고 계모 밑에서 자랐다. 훗날 그의 결혼식에도 나타나지 않은 걸 보면 둘의 사이가 그리 좋지는 않았던 모양이다.

그래서일까. 이효석은 8세가 되자 집에서 백 리나 떨어진 평창공립보통학교에 입학하였고 이후 평창에서 혼자 하숙 생활을 하였다. 그래서 이효석은 봉평 백 리 길을 걸어 집에 다녀오곤 했다. 「메밀꽃 필 무렵」에서 주위의 풍경을 사실적으로 그려낼 수 있었던 것은 아마도 이때의 경험이 큰 도움이 되었던 것 같다.

1920년에 평창공립보통학교를 졸업한 후 이효석은 청운의 꿈을 안고 경성으로 올라가 경성제일고보에 입학하였다. 여기서 당시 1년 선배였던 유진오를 만나 교유하는데 둘 다 수재로 이름이 높았다. 1925

년에 경성제국대학에 입학한 이효석은 유진오의 권유로 문우회文友會에
가입하여 활발한 활동을 펼쳤다.

당시에는 일본을 거쳐 들어 온 사회주의가 지식인들 사이에 풍미했
다. 이효석도 이러한 시대적 분위기에 쉽게 빠져들었다. 문학을 자신의
삶으로 결정한 이효석은 학부에 진학할 때 법과에서 영문학부로 전과
하였다. 이 시기에 그는 러시아 사회주의 리얼리즘을 창시한 작가 고리
키의 장편 소설『어머니』를 읽은 후 "참으로 진보적이고 마음을 울리는
소설이다."라며 감탄하였다.

이효석은 22세에 종합 월간지『조선지광朝鮮之光』을 통해「도시와 유
령」을 발표하면서 정식으로 문단에 등단했다. 그 후「노령근해」등을
추가로 발표하며 동반작가로 활동하였다.

그러나 대학을 졸업하고 취직이 되지 않아 일본인 스승의 주선으로
총독부 경무국에 취직하였다. 하필이면 그가 근무한 곳이 동족의 원고
를 검열하던 검열계였다. 이에 주위 친구와 문단의 신랄한 비난이 쏟아
졌다. 잡지의 가십난에서도 이효석은 야유의 대상이 되었다.

임종국은『친일문학론』에서 당시 이효석의 시련을 이렇게 전했다.

"총독부 검열계에 취직한 이효석이 취직을 한 지 보름이 안 되었을 즈음 직
장에서 광화문통으로 내려오다가 이갑기라는 청년을 만났다. 문학을 하는
청년이었다. 그와는 조금 안면이 있었다.
이갑기는 다짜고짜 험상궂은 얼굴을 하더니 "너도 개가 됐구나."하고 내뱉
었다. 대로상에서의 봉변이었다. 금방 주먹으로 칠 듯한 기세였다. 그렇지
않아도 죄악감과 피해망상으로 피로해진 그의 신경은 감당치를 못했다. 그
는 그 자리에서 졸도하고 말았다."

이효석은 이 소동이 있은 후 한 달도 지나지 않아 총독부를 뛰쳐나왔다. 그리고 후일 '미흡하고 어리석은 일신상의 실수'였다고 부끄러워했다. 이후 처가가 있는 함경도 경성에 내려가 경성농업학교의 영어 교사로 부임하였다. 이때부터 그의 문학은 초기 경향성을 탈피하여 자연성을 추구하며 향토성이 짙은 서정적인 작품을 발표하기 시작했다. 3년 뒤 숭실전문학교로 직장을 옮기면서 평양으로 이사하였다.

그리고 30세가 되던 해인 1936년 그 유명한 「메밀꽃 필 무렵」을 발표하였다. 이 소설은 아름다운 자연을 배경으로 인간의 순박한 본성을 뛰어난 필치로 그려내 한국 단편 소설의 백미로 평가받고 있다.

1940년에는 아내가 먼저 세상을 떠났다. 이어 젖먹이 아이마저 숨지자 크게 상심한 이효석은 만주 등지를 돌아다니며 마음을 달랬다. 이때 그의 건강도 부쩍 악화되어 끝내 수막염髓膜炎으로 쓰러지고 말았다.

이효석은 1942년 5월 25일, 유진오가 지켜보는 가운데 숨을 가쁘게 몰아쉬며 괴로워하더니 끝내 숨을 거두었다.

이효석은 1930년대 한국 순수 문학사상의 가장 빛나는 감동을 주는 소설가로 높이 평가되고 있다.

그의 문학적인 특징은 향토적인 어휘의 사용, 서정적인 문체, 복선과 암시, 열린 결말 등이 꼽힌다. 이러한 특징은 이후 김동리와 황순원 같은 순수 문학 작가들에게 영향을 주었다.

1913년 5월 25일

한용운, 『조선불교유신론』 간행

"유신이란 무엇인가, 파괴의 아들이다. 파괴란 무엇인가, 유신의 어머니이
다. 천하에 어머니 없는 아들이 없다는 말은 하되 파괴 없는 유신이 없다
는 것은 간혹 알지 못한다."

-한용운, 『조선불교유신론』

1913년 5월 25일, 한용운 최초의 저작인 『조선불교유신론朝鮮佛敎維新
論』이 불교서관佛敎書館에서 간행되었다.

당시는 일제의 침략으로 국권이 피탈된 직후였기 때문에 불교계는
물론 전 국토가 비운에 휩싸여 있었다. 이러한 때에 해인사 주지로 있
던 이회광은 일본 조동종과 연합 맹약聯合盟約을 체결하여 한국 불교를
일본의 예속 아래 두려는 흉계를 꾸몄다.

그러자 한용운은 여러 승려들과 함께 송광사, 범어사 등지에서 승려
궐기 대회를 개최하고 '한일 불교 동맹 조약'을 분쇄하는 데 힘을 기울
였다. 그러나 이러한 노력에도 불구하고 조선 총독부는 모든 사찰의 주
지와 재산에 관한 권한은 총독이 가진다는 내용의 「조선 사찰령」을 반
포하여 30본산이 모두 총독부의 수중으로 들어가 버렸다.

마침내 한용운은 비장한 각오로 백담사로 들어가 조선 불교계의 변
혁을 바라는 마음으로 『조선불교유신론』을 집필하였다.

『조선불교유신론』은 당시 조선 불교의 낙후성과 은둔성을 대담하고
통렬하게 비판하였다.

그는 유신론에서 누구나 정신의 유신維新을 행해 야 하며 그 길만이 조선의 살 길임을 강조했다. 또 한 불교계의 개혁 과제로 승려 교육과 포교, 경전 의 해석 등을 제시하였으며 불교계 내의 비종교 적, 비사회적, 비합리적, 토속적, 미신적인 요소와 인습을 타파하고 혁신해야만 불교계도 시대적 변

『조선불교유신론』

화에 부응한 새로운 진로를 개척해 나갈 수 있다고 역설하였다.

* 1926년 5월 20일 '한용운, 시집 『님의 침묵』을 출간하다' 참조

1952년 5월 25일

부산 정치 파동 발생

1950년 5월 3일에 치러진 제 2대 국회의원 선거 결과 무소속 의원들 이 60% 이상을 차지하게 되어 대한민국 초대 대통령 이승만의 재선을 장담하기가 어려워졌다. 이에 이승만은 자신의 세력 기반을 확충하기 위하여 새롭게 자유당을 창당하는 한편 대통령 직선제 개헌안을 국회 에 제출하였다.

1952년 1월, 국회가 개헌안을 부결하자 정부와 국회가 전면적으로 대립하게 되었다. 이승만은 장면 국무총리를 해임하고 장택상을 임명 하여 자신의 쪽으로 끌어들였다. 그리고 국민회, 대한청년단 등의 단체 와 백골단 등 각종 폭력 조직을 동원하여 국회의 해산을 요구하며 공포 분위기를 조성하였다.

그리고 5월 25일에는 국회 해산을 강행하기 위하여 부산을 포함하여 경상남도와 전라남북도 일부 지역에 비상계엄을 선포하고, 이승만의 독재 비판에 앞장선 서민호 의원을 신변 보호의 명목으로 헌병대로 연행하였다. 이른바 '부산 정치 파동'의 시작이었다. 이어 26일에는 정헌주, 이석기, 양병일 등 내각 책임제 주동 의원들이 구속되었고, 급기야 48명의 국회의원을 태운 통근 버스가 통째로 끌려가는 사건이 발생하였다.

이 사건으로 곽상훈, 서범석 등 핵심 야당 의원들이 국제 공산주의와 결탁했다는 혐의로 구속됐다. 이렇게 혼란한 정국을 틈타 국무총리 장택상은 대통령 직선제와 내각 책임제를 골자로 하는 발췌개헌안을 마련하였다.

결국 7월 4일에 출석 의원 166명 중 찬성 163표, 반대 0표, 기권 3표로 발췌개헌안을 통과시킴으로써 이승만 독재 정권의 기반이 확립되었다.

1999년 5월 25일

약 1억 년 전 초식성 공룡 알 화석 발견

1999년 5월 25일, 전라남도 보성군 득량면 선소 마을 해안 일대에서 약 1억 년 전 백악기白堊紀 말기의 것으로 추정되는 초식성 공룡 알 화석과 공룡 둥지가 대규모로 발견됐다.

발굴 조사를 담당했던 전남대학교 한국공룡연구센터는 이 지역이 중생대 초식 공룡의 주요 산란지였을 것으로 추정하였다. 경상남도 고성과 하동 지역 등지에서 공룡 알 조각 등이 발견된 적은 있었으나 원형 상태의 공룡 알 화석과 둥지가 무더기로 발견된 것은 처음이었다. 이런 경우는 세계적으로도 매우 드물어 학계의 주목을 받았다.

공룡 알 화석 100여 개와 공룡 둥지 10여 개가 함께 발견되었는데 공룡 알 화석은 약 3km 해안에 걸쳐 널리 분포되어 있었다. 대부분 알둥지를 형성하고 있었으며 하나의 둥지에 6~30개의 공룡 알이 들어 있었다. 공룡 알은 진한 자주색을 띠고 있었으며 지름이 9~15cm로 어른 주먹 크기만 했다. 둥지에서는 수백 개의 알 조각과 공룡 뼈 화석의 조각도 발견되었다.

선소 해안 일대의 공룡 알 화석지는 공룡의 부화 습성 및 산란지 환경을 밝힐 귀중한 학술적 가치가 있을 것으로 기대되어 2000년 4월 24일에 천연기념물 제418호 및 문화재 보호 구역으로 지정되었다.

——

1972년 5월 25일

사육신묘, 서울특별시 유형 문화재 제8호 지정

——

사육신묘死六臣墓는 조선 세조 때 단종의 복위를 꾀하다 목숨을 잃은 여섯 신하의 묘이다.

이들은 1455년에 단종의 숙부인 수양 대군(훗날 세조)이 왕위를 빼앗고 단종을 몰아내자 이에 분개하여 단종의 복위를 꾀하다 발각되어 참혹한 최후를 맞았다.

사육신묘가 이곳에 처음 조성된 과정은 현재 알 수가 없으나 공식적으로 인정된 것은 숙종 때이다. 1691년에 숙종은 사육신묘에 민절(愍節

: 가엾은 절개)이라는 사액을 내리고 서원을 건립하여 사육신의 충절을 기렸다.

그러나 1871년에 대원군의 사원 철폐령으로 훼철되었으나 1955년에 서울시가 그 자리에 사육신묘비를 세우고 묘역을 확장하여 새롭게 정비하였다.

본래 이 묘역에는 박팽년, 성삼문, 유응부, 이개의 묘만 있었으나 1978년에 서울시가 성역화 하면서 하위지, 유성원, 김문기의 묘도 함께 추봉하였다.

현재 서울특별시 동작구 노량진동에 있는 사육신의 묘는 1972년 5월 25일에 서울특별시 유형 문화재 제8호로 지정되었다.

* 1456년 6월 2일 '성삼문, 박팽년 등 단종 복위하다 발각되어 처형당하다'
참조

5월의
모든 역사

5월 26일

■
■
■

2002년 5월 26일

임권택 감독, 제55회 칸 영화제에서
「취화선」으로 감독상을 수상하다

"자네는 어떤 도자기가 나오기를 바라는가?"
"선생님 같은 화공은 그림이 잘 나오기를 바라겠고, 유약을 바른 자
는 유약이 잘 흘러나오기를 바라겠고, 가마 주인은 몇 작품이라도
건지기를 바라겠지요. 하지만 그것이 어디 우리 도공들의 뜻대로
되겠습니까. 다 불이 하는 거지요.

-「취화선」

한국 영화계에서 임권택 감독은 살아 있는 신화로 불린다. 그가 걸어온 영화 인생이 실로 드라마 같았기 때문이다.

임권택은 1936년 5월 2일, 전라남도 장성에서 7남매의 장남으로 태어났다. 임권택이 초등학교 3학년 되던 해 우리나라는 일제에 빼앗긴 주권을 되찾는 기쁨을 맛보았지만 그 기쁨도 잠시였다. 곧바로 이어지는 좌우익의 대립과 6 · 25 전쟁은 그의 어린 삶을 통째로 흔들어 놓았다. 사상의 갈등이 치열했던 이 시기에 임권택의 아버지와 외삼촌은 좌익에 가담하여 그의 집은 늘 감시의 대상이 되었기 때문이다.

임권택의 아버지는 자식들을 뒤로 한 채 지리산으로 들어가 좌익 활동을 계속했다. 그러자 형사들이 수시로 집에 찾아와 아버지의 행방을 대라고 다그치기도 했다. 그래서 임권택은 손자의 장래를 염려한 할아버지의 뜻에 따라 광주의 숭일중학교에 입학하였다.

그러나 입산한 아버지로 인해 그의 마음은 늘 살얼음판을 걷듯 조마조마했다. 아버지는 토벌군의 공격이 더욱 강화되자 마침내 산을 내려와 자수했다. 아버지는 다시 가족의 품으로 돌아왔지만 이웃들은 여전히 빨갱이의 자식이라며 따가운 시선을 보냈다.

아버지가 빨치산 활동으로 인해 병을 얻어 지독한 가난이 계속되자 임권택은 다니던 중학교를 그만두고 무작정 부산으로 떠났다. 부산에 따로 아는 사람이 있어서가 아니었다. 그저 사람이 많이 몰리는 곳에 가면 어떻게 되겠지 하는 막연한 생각이었다.

그러나 부산에서의 삶은 또 다른 가시밭길이었다. 그는 지게질에서 막노동판까지 닥치는 대로 뛰어들었다. 일거리를 얻지 못해 며칠씩 굶거나 길거리에서 자는 일도 수두룩했다. 이때를 자신의 인생에서 가장 힘들었던 시기로 기억하고 있다.

그리고 우연히 구두 가게에서 일하게 되었는데 이것은 임권택의 일생을 결정적으로 바꿔 놓았다. 그 구두 가게 주인은 영화업자에게 빌려 주었던 돈을 떼이자 아예 그 영화사를 인수해 버렸다. 이때 구두 가게 주인을 따라 서울로 올라오면서 임권택의 영화판 인생이 시작된 것이다.

당시는 이규환 감독의 「춘향전」이 크게 성공하여 너도나도 영화판으로 몰려들던 시기였다. 무슨 영화감독이 되겠다는 거창한 꿈을 꾼 것도 아니었다. 그는 당시 연좌제緣坐制에 걸려 달리 다른 곳에 취직할 수도 없었다. 그저 배고픔만 해결해 준다면 그것으로 충분했다. 일이 힘들 때에는 영화판에서 도망치고 싶은 마음이 굴뚝같았지만 이를 악물고 견뎌냈다.

그러던 어느 날 한국 액션 영화 장르를 개척했던 정창화 감독의 눈에 띄어 조감독으로 발탁되는 행운을 얻었다. 마침내 1962년에는 「두만강아 잘 있거라」를 통해 감독으로 데뷔하였다. 이후 액션, 코미디, 멜로, 사극 등 10여 년간 흥행만을 위한 영화를 찍었다.

1970년대에 들어서면서 작품 스타일은 완전히 바뀌었다. 1972년에 발표한 「잡초」를 계기로 서민들의 삶의 고통과 민족의 수난 등을 진지하게 스크린에 담아냈다. 비록 「왕십리」「짝코」 등이 흥행에는 실패했지만 1978년에 「족보」로 제17회 대종상 감독상을 받았다.

1980년대 이후에는 한국인만이 갖고 있는 독특한 개성을 찾아내 영화로 표현하는 데 힘을 쏟았다. 「만다라」「길소뜸」「씨받이」「아제아제 바라아제」「서편제」「취화선」 등이 그것이다. 「씨받이」는 1987년 제44회 베니스 영화제에서 강수연이 최우수 여우주연상을 수상하는 영광을 누렸다.

마침내 2002년 5월 26일, 임권택은 제55회 칸 영화제에서 「취화선」

으로 감독상을 거머쥐며 세계적인 감독에 대열에 합류하게 되었다.

세계 최고 권위의 칸 영화제에서 한국 영화가 본상을 수상하기는 「취화선」이 최초이다. 당시 임권택은 "한국뿐 아니라 남북한을 통틀어 우리 한민족에게 주는 상이라고 생각한다."라고 수상 소감을 밝혔다.

「취화선」의 취醉는 취하다, 화畵는 그림, 선仙은 신선을 의미하는 것으로 천재 화가 장승업을 술에 취해 그림을 그리는 신선에 비유한 것이다. 임권택은 이 영화에서 미천한 신분임에도 탁월한 그림 솜씨로 조선 후기 안견 · 김홍도와 더불어 조선 화단의 3대 거장으로 불리며 한 시대를 풍미했던 장승업의 삶과 사랑을 스크린에 담아냈다.

특히 「취화선」은 경주 양동마을, 제천 갈대숲, 석모도, 동강, 영종도, 선암사 등 우리나라의 푸른 산천과 들을 아름답게 묘사하여 마치 한 폭의 동양화를 보는 듯 빼어난 영상미를 자랑하였다. 뿐만 아니라 효와 예절 같은 동양적인 가치들과 한恨의 정서를 강조하여 한국적인 정서를 잘 묘사하였다는 평가를 받았다.

—

1895년 5월 26일

을미개혁으로 8도제 폐지

—

1895년에 실시된 을미개혁으로 1413년부터 지속되어 오던 8도八道가 폐지되고 전국이 23부로 개편되었다. 8도는 전국을 여덟 개의 행정 구역으로 나눈 것으로 조선 시대 대부분의 기간 동안 이 체제가 유지되었다.

조선 시대 8도와 유사한 지방 행정 단위가 처음 등장한 것은 고려 성

종과 현종 때이다. 성종은 983년에 전국에 12목+二牧을 설치하고 지방
관으로 목사牧使를 파견하였는데 이는 통일 신라의 지방 제도인 9주제
를 개편한 것이었다. 995년에는 당나라의 제도인 10도+道를 바탕으로
전국을 10도로 구분하였다.

그 뒤 현종은 10도를 개편하여 개성을 중심으로 10여 개의 현을 따로
떼어 경기라 하고 나머지는 양광도(현재 충청도와 경기도 일대), 경상도,
전라도, 교주도(강원도 영서 지방), 서해도(황해도) 등 5도와 동계(함경도
일부 해안 지대와 강원도 영서 지방), 북계(평안도) 등으로 구분하였다.

고려의 5도 양계 체제는 조선 시대 8도 체제의 기반이 되었으며 도道
는 조선 시대에 이르러 실질적인 최상위 행정 구역으로서 기능하였다.
1413년에 태종은 고려의 5도 양계를 8도로 개편하고 하위의 군·현을
관할하도록 하였다.

1895년 5월 26일부터 시행된 을미개혁으로 8도제가 폐지되고 전국
을 23부府 337군郡으로 하는 지방 제도의 개편이 이루어졌다.

그러나 이 제도는 아관파천 이후 다시 전국 13도, 7부, 1목, 231군으
로 변경되었다.

1978년 5월 26일

여천 석유화학공업단지 준공

1978년 5월 26일, 여천 석유화학공업단지의 공사가 마무리되었다.

여천 석유화학공업단지는 전라남도 여수시 중흥동 및 삼일동 일대에 위치해 있는 국가 산업 단지이다.

우리나라에서 울산석유화학공업단지에 이어 두 번째로 조성된 전문 단지로서, 여천 반도 중앙부에 위치한 광양만 연안의 구릉지를 개발하여 조성한 대단위 석유화학공업단지이다.

여천 석유화학공업단지는 1966년 3월에 공업 지역 지정 및 단지 조성 계획안이 승인되고 1967년에 호남 정유 공장을 시작으로 단지 조성이 이루어졌다. 이어 한양화학, 금호석유화학 등 석유화학 관련 공장들이 계속해서 건설되었다.

여천 석유화학공업단지의 성장과 함께 1987년에는 광양제철소가 건설되어 여수와 순천도 본격적인 종합 공업 지대로 발전하기 시작하였다.

* 1987년 5월 7일 '포항종합제철주식회사, 광양제철소 제1기 설비 완공' 참조

5월의
모든 역사

5월 27일

■
■
■

2002년 5월 27일

의문사진상규명위원회,
최종길 교수의 죽음을 '의문사'로 인정하다

최 교수는 중앙정보부의 고문과 협박 등 각종 불법 수사에도 불구하고 강요된 간첩 자백을 하지 않았다. 적극적 항거 외에 권위주의적 공권력 행사에 순응하지 않음으로써 소극적으로 저항하는 행위도 권위주의적 통치에 항거한 활동에 포함된다고 볼 수 있는 만큼 최교수 죽음의 민주화 운동 관련성이 인정된다.

-의문사진상규명위원회

1973년 10월, 박정희 정부의 유신 체제 발표 이후 대학생들과 시민들의 반정부 시위가 연일 계속되었다. 서울대학교 법과대학의 학생들 또한 10월 유신에 반대하여 강력한 시위를 운동을 벌였다. 당시 최종길 교수는 이 대학의 학과장직을 맡고 있었다. 경찰의 진압으로 제자들이 연행되자 그는 교수회의에서 학생들을 옹호하며 정권 당국에 대한 항의를 표시했다.

최종길 교수는 유신 체제의 시퍼런 칼날에 맞서 제자들을 보호하고 군사 독재에 대한 비판과 직언을 서슴지 않았다. 이 때문에 최종길 교수는 정권의 눈 밖에 났다. 당시 중앙정보부는 유신 체제에 대한 저항을 잠재우고 권력을 유지하기 위해 여러 가지 사건을 준비했다.

얼마 뒤, 중앙정보부는 최종길 교수에게 '유럽 거점 간첩단 사건'에 대한 수사 협조를 요청했다. 이에 스스로 중앙정보부로 걸어 들어갔던 최종길 교수는 사흘 뒤인 10월 19일에 변사체로 발견되었다. 이 사건에 대해 중앙정보부는 다음과 같이 주장했다.

> 최종길 교수는 19일 새벽 1시 30분경 중정 남산분청 7층에서 유럽 거점 간첩단 사건 관련 수사를 받던 중 동베를린에 갔다 온 사실이 밝혀지자 양심의 가책을 못 이겨 화장실 창문을 통해 투신자살했다.
> 최종길 교수는 1958년 프랑스 유학 시절, 북한 공작책으로부터 세뇌 교육을 받았으며 1960년에는 북한으로 가 노동당에 입당하고 학생들에게 반정부 시위를 하도록 선동하라는 지령을 받았다.

그러나 유족들은 투신자살했다는 시간이 중앙정보부의 모든 창문이 잠겨 있었던 시간이라는 점, 투신 현장이 공개되지 않았다는 점, 부검

이 거부되었다는 점, 거듭된 협박에 급히 장례를 치러야 했다는 점 등
을 이유로 고문에 의한 타살 가능성을 제기하였다. 그러나 유신 정권은
이 같은 진상 규명 요구를 묵살했다.

약 14개월이 흐른 후인 1974년 12월 18일, 천주교정의구현전국사제
단이 명동성당에서 최종길 교수의 추모 미사를 열었다. 미사가 끝난 후
사제단은 최종길 교수가 전기 고문 도중 조작 실수로 인한 심장 파열로
사망했을 가능성을 제시하였다.

1988년 10월 6일에는 천주교정의구현전국사제단이 '사인을 은폐하
는 과정에서 간첩 누명이 씌워졌다.'고 주장하며 재수사를 촉구하였고
당시 사건 관련자로 이후락 중앙정보부장 등 22명을 고발했다.

그러나 검찰은 공소 시효가 만료하였으며 "타살됐다는 증거도, 자살
했다는 증거도 찾지 못했다."는 결론을 내리고 수사를 중단하였다. 하
지만 의문사진상규명위원회는 피의자 신문 조서, 현장 검증 조서, 수사
보고서 등의 허위 작성, 간첩 자백 사실의 조작, 현장 훼손 및 현장 검
증의 생략, 고문 사실의 은폐 등을 근거로 당시 중앙정보부의 발표는
믿기 어렵다고 반박했다.

마침내 2002년 5월 27일, 의문사진상규명위원회는 최종길 교수의 의
문사를 인정했다. 또한 당시 최 교수가 연루되었던 '유럽 간첩단 사건'
은 중앙정보부에 의해 조작된 사건이었다고 밝혔다. 이에 유족들은 국
가 권력의 불법 가혹 행위에 의해 최종길 교수가 사망했다며 국가를 상
대로 손해 배상을 청구했다.

결국 법원은 유족들의 손을 들어줬다. 2006년 2월 14일, 법원은 "국
가 권력이 나서서 서류를 조작하는 등의 방법으로 조직적으로 사실을
은폐하고 고문 피해자를 오히려 국가에 대한 범죄자로 만든 사건에서

국가가 소멸 시효 완성을 주장하는 것은 인정할 수 없다."고 밝히며 국가가 유족에게 18억 4,800여 만 원을 배상하라고 판결했다.

이 사건은 유신 체제가 빚어낸 대표적인 의문사 사건으로 국가의 불법 행위로 소멸 시효가 지났지만 피해자에게 손해 배상 청구권을 인정한 첫 판결이었다.

1927년 5월 27일

여성 운동 단체, 근우회 창립

1927년 5월 27일, 김활란, 유각경 등이 여성 운동 단체인 근우회槿友會를 창립하였다.

근우회는 일제 강점기 여성의 지위 향상과 현실 개선, 항일 구국 운동을 위해 조직된 단체로 신간회新幹會의 자매단체이다. 임시 집행부 초대 회장에는 김활란이 추대되었다.

당시 여성 운동 세력은 민족주의와 사회주의 양파로 분열되어 있었다. 근우회는 1927년 2월, 항일 투쟁에서 민족 단일 전선을 펼 목적으로 조직된 신간회와의 통합을 모색하였다. 이들은 일제의 감시와 간섭 속에서도 교육의 성차별 철폐, 여성에 대한 봉건적 인습 타파 등의 뚜렷한 목적의식을 갖고 조직을 키워 나갔다.

특히 부녀자와 아동의 야간작업 및 시간 외 작업 금지, 탁아 제도 도입 등 당시로서는 선구적인 주장을 내세웠다. 그래서 일본에서조차 이들을 '조선 여성 운동의 역량을 최고로 집중하는 제일 권위 있는 여성 집단'으로 평가할 정도였다.

근우회는 한때 전국에 60여 개 지회와 수천 명의 회원을 확보하였으
나 1930년에 신간회와 함께 해산되었다.

1966년 5월 27일

일본, 우리 문화재 1,325점 반환

1965년 6월 22일, 한일 양국의 국교 관계에 관한 조약인 「한일협정」
이 체결되었다.

「한일협정」은 7개조로 구성된 기본 조약과 4개의 부속 협정 및 25개
의 문서로 구성되어 있다. 부속 협정으로는 '청구권 · 경제 협력에 관한
협정' '재일 교포의 법적 지위와 대우에 관한 협정' '어업에 관한 협정'
'문화재 · 문화 협력에 관한 협정' 등이 있다.

이 조약에 따라 일본은 1966년 5월 27일, 우리 문화재 1,325점을 되
돌려 보냈다. 을사조약 이후 일본에 빼앗겼던 우리 문화재를 61년 만에
되찾게 된 것이다.

「한일협정」에 따라 반환된 문화재는 신라 및 고구려 시대의 도자기,
고고 자료, 석조 미술품, 한말에 수집된 도서, 체신 자료 등으로 고려자
기도 포함되어 있었다. 그중에서 보수가 필요한 신라 시대의 칼 2점을
제외한 나머지 문화재들은 경복궁 내 국립박물관으로 옮겨져 그해 7월
1일부터 일반에 공개하였다.

1993년 5월 27일

남북 발해 유적 첫 공동 발굴

1993년 5월 27일, 남북한의 고고학자들이 러시아 연해주 발해 유적지에서 불황과 연꽃 문양이 새겨진 발해 수막새 기와의 완형을 발굴하였다.

분단 이후 최초로 이루어진 남북한 발해 지역 공동 발굴로, 발굴된 수막새의 문양은 9세기 초의 것으로 추정되었다.

고구려의 수막새 문양을 대표하는 연화문蓮花文과 기하학적 배치를 그대로 전수받고 있어 발해가 고구려의 전통을 계승한 우리의 민족 국가임을 입증하는 실물 사료로 평가 받았다.

5월의
모든 역사

5월 28일

1901년 5월 28일

이재수의 난이 발생하다

오호라! 오늘날 탐라 백성이 업을 잃고 도로와 산골에 방황하야 생
계의 도를 자유치 못하니, 그 민폐의 근원은 무엇이뇨! 이는 곧 살
생과 폭행과 재물 늑탈을 일삼는 교도 무리로 말미암은 것이니, 저
들은 교도가 아니라 폭도요, 저들이 믿는 것은 교가 아니라 미신이
로다. 모여라! 모여라! 영웅 열사여!

-이재수

　　1999년, 영화감독 박광수는 100여 년 전 제주도에서 벌어진 한 사건을 소재로 영화를 만들었다. 바로 「이재수의 난」이었다. 제주도의 민란을 다룬 현기영의 장편 소설 『변방에 우짖는 새』를 읽은 것이 그 계기였다.

　　이 영화는 제목에서 드러나듯 이재수를 주인공으로 하여 천주교도와 제주 주민들 간의 충돌 사건을 그린 작품이다. 35억 원의 거금을 들인 대작으로 한국 영화로는 처음으로 프랑스와 합작하였다. 이 때문에 영화가 개봉되기 전 많은 주목을 끌었으나 흥행에는 실패했다. 하지만 '이재수의 난'이라는 역사적 사건은 이 영화를 계기로 서서히 베일을 걷어내기 시작했다.

　　1858년부터 제주도에 가톨릭이 전래되기 시작하였고 1899년에 처음으로 제주도에 프랑스인 신부 페이네가 전도사로 파견되었다. 이후 라크루스 신부가 그와 교대하고 이어 뭇세 신부가 합류했다.

　　고종은 이들 프랑스인 신부에 대해 "나를 대하듯이 하라."는 교서를 내려 힘을 실어 주었다. 이에 적지 않은 불량배들이 신부들의 권력에 빌붙기 위해 천주교에 들어갔다. 그 결과, 제주도에 천주교 신자가 순식간에 불어났다.

　　이 무렵 중앙 정부에서는 여러 섬에 봉세관을 보내 세금을 걷게 하였다. 그런데 제주도에 내려 온 봉세관 강봉헌은 악명이 높았다. 강봉헌은 민간인의 재물을 빼앗거나 나무나 가축에도 세금을 물리는 등 갖은 악행을 저질렀다. 강봉헌과 천주교도들은 신당을 미신의 소굴이라며 부쉈으며, 특히 신당의 수백 년 묵은 수목도 함부로 베어 버렸다. 이처럼 도민들의 전통적인 신앙 활동도 막았기 때문에 제주도의 민심은 부글부글 끓어오르고 있었다.

한편 대정군수 채구석과 일본인 수산업자 아라카와는 서로 밀착해 이익을 도모하는 사이였다. 이들에게 봉세관과 천주교도는 손톱 밑의 가시 같은 존재였다. 채구석은 그곳의 유림 대표 오대현 등과 손잡고 상무사商務社라는 단체를 만들어 천주교도들과 대립하였다. 또한 아라카와는 상무사에 총과 칼 등을 공급하여 민란을 부추겼다. 게다가 무속인까지 가세해 천주교에 대한 각종 유언비어를 퍼트려 제주도민을 선동했다.

사건의 첫 발단은 1901년 2월에 오신낙이 천주교 성당에 잡혀가 사망한 일이었다. 사실 이것은 오신낙이 스스로 목을 맨 자살 사건이었다. 그렇지만 제주도 내에는 천주교도들이 오신낙을 때려 죽였다는 소문이 파다했다. 이에 제주도민들의 천주교에 대한 반감은 더욱 커져만 갔다.

5월 6일에는 상무사 회원으로 있는 대정군민 수백 명이 천주교도 7명을 잡아다가 구타하는 사건이 발생했는데, 이는 천주교도들이 상무사 회원들을 잡아가려다 발생한 일이었다. 이 소문은 금방 제주도 전체에 퍼졌고 이에 제주도민들은 격분하였다.

오대현과 강우백을 선두로 제주도민들이 제주성으로 몰려가자 제주 목사 김창수는 각종 폐단을 시정할 것을 약속하고 이들을 해산시켰다. 그러나 천주교 측에서는 교인 1,000여 명을 동원하여 이들에게 발포하고 오대현 등 6명을 체포하였다. 이에 강우백과 관노 출신의 이재수가 각각 동진과 서진의 대장이 되어 제주성을 공격했다. 전세가 불리해진 천주교 측은 체포한 오대현 등을 풀어주며 강화를 모색했다.

그러나 오히려 오대현은 동진의 대장으로 변신해 공격을 주도했다. 민병들은 성 밖의 신도들을 보이는 대로 모두 살해했다. 성안에서 이를 지켜보던 신도들은 두려움에 몸을 떨었다. 구마슬 신부는 사람을 목포로 보내 프랑스 군함의 급파를 요청하였다. 하지만 지원병이 오기도 전에 제주성의 문은 활짝 열렸다.

마침내 5월 28일 서진의 대장 이재수가 관덕정 아래에 자리를 잡았다. 곧 오대현도 도착했다. 이들은 천주교 신도 170여 명을 잡아 학살하였다. 다만 프랑스 신부는 외국과의 관계 때문에 살려 주었다. 성당은 불에 타 버렸고 십자가와 예수상은 동강이 나 바닥에 뒹굴었다.

이틀 뒤, 제주 산저포에 프랑스 함대가 닻을 내렸다. 곧이어 정부 진압군이 도착했다. 민병들은 진압군 대장 홍순명을 만나 봉세관의 추방, 성당의 제거, 민병들의 죄를 묻지 않는 조건으로 해산을 다짐했다. 홍순명이 해결을 약속하자 민병들은 일단 제주성에서 물러났다. 그러나 외곽에서는 여전히 신도들에 대한 살육이 멈추지 않았다.

마침내 진압군은 봉세관 강봉헌과 난의 주동자인 이재수, 오대현 등을 관아로 불러 체포하였다. 이들은 서울로 끌려가 교수형에 처해졌다.

이로써 난은 진압되었으나 천주교도 700여 명이 죽는 등 그 희생이 컸다.

—

1989년 5월 28일

전국교직원노동조합 결성식 개최

—

1989년 5월 28일, 전국교직원노동조합全國敎職員勞動組合(전교조)의 결성식이 서울 연세대학교 도서관 앞에서 열렸다.

전교조는 선언문에서 "민족 · 민주 · 인간화 교육 실천을 위한 참교육

운동을 더욱 뜨겁게 전개해 나가겠다."는 의지를 천명하였다 .

전교조는 1987년 9월에 창립된 전국교사협의회를 모체로 출범하였다. 그동안 교육법 개정 운동을 통해 교육 환경 개선 및 교직원 처우 개선, 교원의 노동 3권 보장 등을 요구하며 운동을 전개해 오다가 임의 단체가 갖는 한계를 극복하기 위해 결성을 결의한 것이다.

그러나 전교조는 정부의 승인을 얻지 못해 약 10년간 비합법 단체로 활동하다가 1999년 1월에 교원 노조법이 국회를 통과함에 따라 합법화되었다.

1993년 8월에는 국제교원노동조합총연맹에 가입하였으며 2003년 기준 총 조합원의 수는 약 9만 3,000명에 이른다. 기관지로「전교조 신문」을 발간하고 있다.

—

1992년 5월 28일

파고다 공원, 탑골 공원으로 개칭

—

파고다 공원은 우리나라 최초의 현대식 공원으로 사적 제354호로 지정되어 있다.

파고다 공원은 1919년 3·1 운동의 발상지로 우리 민족의 독립 정신이 살아 숨 쉬고 있는 유서 깊은 곳이기도 하다. 이 자리에는 원래 원각사가 세워져 있었다. 하지만 연산군의 억불 정책으로 인하여 폐사되었으며, 중종 때에는 원각사를 완전히 철거하여 폐허가 되었다.

그 뒤 1897년에 영국인 브라운이 고종에게 폐허로 변한 이곳을 공원으로 바꾸자고 건의하여 서구식 공원으로 조성되었다.

1920년부터 일반인에게 개방되었으며, 1992년 5월 28일에 공원 명 칭을 파고다 공원에서 탑골 공원으로 개칭하였다.

그 후 3·1 운동이 일어난 역사적 장소로서의 성역화 작업을 끝내고 2002년 3월 1일에 재개장하였다. 재개장한 후에는 주로 노인들의 쉼터 로 자리 잡았다.

공원 내에는 원각사지 십층석탑(국보 제2호), 대원각사비(보물 제3호) 등의 문화재와 3·1운동 기념탑, 의암 손병희 선생 동상, 한용운 선생 기념비 등이 있다.

—

1973년 5월 28일

「모자보건법」 시행령 공포

—

1973년 5월 28일, 정부는 모자보건법 시행에 필요한 사항을 구체적 으로 규정한 「모자보건법母子保健法」 시행령(대통령제673호)을 공포했다.

「모자보건법」은 모성母性의 보호와 자녀의 건강에 관하여 필요한 사 항을 규정한 법률로 시행령은 전문 7조와 부칙으로 이루어져 있으며 공포일부터 시행되었다.

이 시행령은 인공 임신 중절은 임신 후 7개월만 허용하며, 인공 임신 중절이 가능한 전염성 질환은 전염병 예방법 제2조에 규정된 콜레라 등 22가지로 규정하는 것을 골자로 하였다.

「모자보건법」은 1973년 2월에 처음 제정되어 1986년 5월에 법률 제 3824호로 전문 개정되었다. 그 뒤 여러 차례의 개정을 거쳐 1994년 12 월 법률 제5454호로 개정되었다.

1905년 5월 28일

경부선 철도 개통식

1905년 5월 28일, 서울 남대문 정거장(현 서울역)에서 경부선 철도의 개통식이 거행되었다.

경부선은 일본 자본 회사인 경부철도주식회사에 의해 기공되었다.

경부선 철도 부설에 앞장섰던 이는 이토 히로부미였다. 이토 이로부미는 한국 침략 정책을 수행하기 위해 끈질기게 경부선 부설권 획득 공작을 벌여 1898년에 '경부철도합동조약'을 체결하는 데 성공했다.

이 조약에 따라 1901년 8월에는 서울 영등포에서, 9월에는 부산 초량에서 각각 기공식을 거행하였다.

이로써 일본은 한국의 정치, 군사, 사회, 경제 등의 지배권 장악을 위한 구체적인 발판을 마련하게 되었다.

* 1905년 1월 1일 '경부선 전 구간 개통' 참조

5월의
모든 역사

5월 29일

■
·
■

1972년 5월 29일

세계 최초의 금속 활자본,
『직지심체요절』이 발견되다

因星見悟 별을 보고 깨달음을 얻었으나,

悟罷非星 깨닫고 난 뒤에는 별이 아니다.

不逐於物 사물을 쫓아가지 않지만,

不是無情 그렇다고 무정물(생명이 없는 중생)도 아니다.

-『직지심체요절』

미국의 시사 주간지 『라이프』는 지난 천 년 동안 가장 중요한 사건으로 '구텐베르크의 활판 인쇄술'을 선정했다. 금속 활자의 발명으로 상류층의 전유물이었던 많은 지식을 일반 대중들도 공유할 수 있었다는 것이 선정 이유였다. 이로 인해 결국 종교 개혁이 일어났고, 민족 국가가 등장하였으며 자본주의가 탄생할 수 있었다. 한마디로 세계사를 송두리째 바꿔버린 셈이다.

그런데 더 놀라운 것은 금속 활자를 최초로 만든 나라가 바로 우리나라라는 점이다. 『직지심체요절』은 고려 공민왕 21년(1372)에 간행된 불교 서적으로 본래 명칭은 『백운화상초록불조직지심체요절』로 다소 길다.

그래서 보통은 『직지심체요절』 또는 『직지』로 줄여서 부르기도 한다. 책의 제목에 들어있는 '직지심체'는 선종의 법구인 '직지인심견성성불 直指人心見性成佛'에서 따온 것으로 사람이 마음을 바르게 가졌을 때 그 심성이 곧 부처의 마음임을 깨닫게 된다는 의미이다.

이 책은 고려 시대의 승려인 경한이 1372년에 부처와 역대 고승들의 게偈(부처의 공덕이나 가르침을 찬탄하는 노래 글귀)나 송頌, 문답問答 등에서 참선의 요체를 깨닫는 데 필요한 내용을 간추려 엮은 것이다.

그 후 1377년 7월 흥덕사興德寺에서 금속 활자로 간행되었다. 처음에는 상하 두 권으로 출간되었는데 지금은 하권만 전한다. 그러나 다행히도 취암사에서 간행한 목판본이 상·하권 모두 갖추고 있어 상권에 수록된 내용을 알 수 있게 되었다.

그러나 그동안 학계에서조차 『직지심체요절』이 인쇄되었던 흥덕사가 어디에 있었는지 정확히 모르고 있었다. 이 같은 사실이 밝혀진 것은 아주 우연이었다.

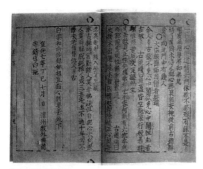

『직지심체요절』

1985년에 토지개발공사가 청주시 운천 지구 택지 개발 사업을 하다가 많은 유물을 발견하였다. 청주대학교 박물관이 발굴 조사를 실시한 결과 이곳에서 '갑인오월일서원부흥덕사금구일좌개조입삼십이근甲寅五月日 西原府興德寺 禁□臺座改造 入重參拾貳斤印'이라고 적혀 있는 청동 금구靑銅禁□를 확인하였다. 이로써 이곳이 흥덕사의 터였다는 것이 증명되었다. 그뿐 아니라 함께 출토된 청동 불발靑銅佛鉢에서도 '흥덕사'라는 명문이 드러나 그 사실을 더욱 뒷받침해 주고 있다.

그렇다면 어떻게 해서 흥덕사에서 발간된 『직지심체요절』이 프랑스 국립 도서관까지 흘러들어 갔을까?

사연은 이렇다. 1886년에 조불수호통상조약이 체결되자 초대 주한 대리공사로 꼴랭 드 쁠랑시Collin de Plancy가 부임한다. 그는 맹렬한 고서 수집가로 조선에 근무하면서 닥치는 대로 고서를 수집하였다. 수집한 고서들 중 일부는 모교인 동양어 학교에 기부하였다.

그는 프랑스로 귀국한 후 기증되지 않은 고서들을 드루오 호텔에 경매로 내놓았다. 이때 파리 국립 도서관이 그 대부분을 구입했는데 『직지심체요절』은 당시 골동품 수집가였던 앙리 베베르에게 넘어갔다. 뒤늦게 『직지심체요절』의 가치를 알아본 도서관이 베베르로부터 그것을 입수하려고 하자 그는 사후에 기증하겠다고 약속했다. 1950년에 앙리 베베르가 사망하자 약속대로 『직지심체요절』은 파리 국립 도서관에 기증되었다.

한국은 『직지심체요절』의 존재를 전혀 모르고 있었다. 그러다가 1972년 5월 29일, 파리 도서관이 '세계 도서의 해'를 기념해 『직지심체요절』의 존재를 공개하면서 비로소 그 존재를 확인하게 되었다.

그러나 이 책은 당시 인쇄 기술이 미약했던 고려 시대에 지방의 한 사찰에서 간행한 것이라 활자의 크기라든가 모양은 고르지 않았다. 이 때문에 당연히 옆줄은 전혀 맞지 않고 또 어떤 것은 글자가 없어 목활자로 대신하기도 했다. 하지만 문헌에서만 보던 금속 활자가 실제로 존재한다는 사실은 많은 사람들을 흥분시키기에 충분했다.

1592년 5월 29일

거북선, 사천해전에서 첫 참전

거북선은 세계 최초의 돌격용 철갑전선鐵甲戰船으로 해상에서의 전투력을 고려하여 고안된 것이다.

이순신의 장계狀啓에는 다음과 같은 기록이 있다.

"앞에는 용머리를 만들어 붙이고, 그 아가리로 대포를 쏘며, 등에는 쇠못鐵尖을 꽂았으며, 안에서는 밖을 내다볼 수 있어도 밖에서는 안을 들여다볼 수 없습니다. 비록 적선 수백 척 속이라도 뚫고 들어가서 대포를 쏘게 되어 있습니다."

1592년 5월 29일, 이순신 함대는 경상남도 사천 앞바다에서 왜군과 두 번째로 해전을 벌였다. 이때 이순신은 거북선을 처음으로 실전에 투입하였다.

이 같은 사실은 이순신의 임진년 기록인 『난중일기亂中日記』에서 확인할 수 있다. 이 기록에 따르면 거북선에 비치한 포砲를 처음 발사한 날은 1592년 3월 27일이며, 처음 해전에 참가한 것은 장계狀啓에서 5월 29일 사천해전泗川海戰이라 하였다.

사천해전 당시 거북선은 최전방 돌격선의 임무를 맡았는데 이때 왜군 함선 13척을 격침시키고, 왜군 2,600여 명을 사살하는 전과를 올렸다.

사천해전은 거북선을 처음으로 실전에 투입해 그 성능을 확인하였다는 점에서 시사하는 바가 크다. 각종 함포로 무장한 철갑전선으로서 적선 격침은 물론 적진을 혼란에 빠뜨리는 임무를 성공적으로 수행하였다. 이 외에도 거북선은 한산도 대첩을 비롯한 각종 해전에서 크게 활약하였다.

* 1592년 3월 27일 '이순신, 거북선을 진수하다' 참조

1898년 5월 29일

명동성당 준공

1898년 5월 29일, 서울시 중구 명동에 우리나라 천주교를 대표하는 명동성당이 준공됐다.

명동성당의 건립을 처음 입안한 사람은 천주교 조선교구장이었던 프랑스인 블랑 주교였다. 그는 1882년에 이곳을 매수하여 성당 건립을

추진하였으나 조정에서 공사 허가를 내주지 않아 차일피일 미뤄지다가 10년이 흐른 뒤인 1892년에 비로소 공사가 시작되었다.

명동성당은 착공 6년 만인 1898년 5월 29일에 완공되어 성당 축성식을 열었다.

축성식은 조선교구장 위텔 주교의 집전으로 신도와 성직자, 총리대신 박정양 등 3,000여 명이 모인 가운데 진행됐다.

명동성당이 자리한 이곳은 본래 종현鐘峴이라고 불리던 곳이었다. 이 때문에 준공 당시에는 종현본당으로 불렸으나 1945년에 명동성당으로 이름이 바뀌었다.

그 뒤 1977년에 사적 제258호로 지정됐다.

—

1988년 5월 29일

민주 사회를 위한 변호사 모임 창립

—

1988년 5월 29일, 민주 사회를 위한 변호사 모임이 창립되었다.

약칭 '민변'이라고 불리는 이 단체의 모체는 1986년 구로 동맹 파업 사건을 공동 변론한 것을 계기로 결성된 정의실천법조인회(정법회)이다.

민변은 경제 · 사회적 약자들의 인권 문제에 대해 깊이 있는 조사를 실시하여 대안을 마련하고, 구조적으로 행해지는 인권 침해에 적극 대응하기 위해 조직되었다.

조직은 서울 본부와 3개의 지부 소속 250명의 회원으로 구성되었다. 집행 위원회 아래 사무국을 비롯해 8개의 특별 위원회(교육 문화 · 환경 · 사회 복지 · 경제 정의 · 노동 · 언론 · 동북아 · 통일)와 4개의 상임 위원회(기획 · 사법 · 출판 홍보 · 국제 연대)를 두었다.

5월의
모든 역사

5월 30일

■
■
■

1394년 5월 30일

정도전, 『조선경국전』을 편찬하다

군주는 천명天命의 대행자이지만 천명, 천심天心은 고정 불변한 것이 아니라 민심에 의하여 바뀔 수 있기 때문에, 만약 군주가 자기의 의무와 책임인 인정仁政을 저버려 민심을 잃게 되면 천명, 천심이 바뀌게 되고 천명, 천심이 바뀌면 군주는 교체될 수 있다.

−『조선경국전朝鮮經國典』

중국의 정치가인 마오쩌둥은 "모든 권력은 총구에서 나온다."라는 유명한 말을 남겼다. 이는 민주주의가 성숙된 사회에서는 현실화 될 수 없는 발언이다.

그러나 이 말은 아직도 현재진행형이다. 그만큼 국가 간의 발전 수준에 차이가 큰 까닭이다. 한국 현대사도 그리 멀지 않은 과거에 권력이 총구로부터 생산된 시기가 있었다. 시간을 거슬러 올라갈수록 그 현상은 더욱 심해진다. 다만 권력의 생산지가 총구가 아니라 칼끝이라는 점이 다를 뿐이다.

이성계가 조선을 건국한 힘도 역시 그의 칼이었다. 하지만 정도전이라는 책사策士가 없었더라면 과연 그것이 가능했을까.

정도전은 흔히 조선 건국의 이념적 기반을 마련하고 국가의 기본 골격을 완성한 인물로 평가받는다. 다시 말해 이성계를 왕으로 만든 '킹메이커'이자 조선의 기틀을 다진 '디자이너'라는 것이다.

정도전은 어려서부터 똑똑하기로 소문이 자자했다. 그러나 외가 쪽에 노비의 피가 흐른다는 이유로 반대파들의 많은 공격을 받았다. 이때문에 정도전은 새로운 사회를 건설하려는 의지가 강했다고 한다.

정도전은 성격이 날카롭고 뚜렷하여 자기의 생각을 뒤로 숨기지를 못하였다. 자신의 소신을 거침없이 밝히는 편이었고, 또한 무슨 일이든지 끝까지 밀어붙이는 뚝심도 있었다. 이것은 다음 일화에서 확인할 수 있다.

고려 우왕 1년(1375)에 공물을 요구하러 온 명나라 사신이 귀국길에 김의에게 살해되는 사건이 발생하여 고려와 명나라의 관계가 악화되었다. 이를 기회로 이인임과 경복흥은 친원 정책親元政策으로 돌아서려고 했다. 이에 원나라는 명나라를 협공하자는 제안을 하기 위해 재빨리

고려에 사신을 보냈다. 이때 정도전이 원나라 사신을 맞이할 영접사로
지목되었다. 그러나 정도전은 "나는 원나라 사신의 목을 베든지, 아니
면 오라를 지워 명으로 보내겠습니다."라며 크게 반발하였다.

경복흥은 정도전의 이 같은 발언에 발끈하여 그를 천민들의 거주지
인 회진현으로 유배하였다. 신분상의 약점을 딛고 어렵게 진출한 관직
을 소신과 맞바꾼 것이었다. 그는 회진현에서 천민들의 비참한 삶과
고통을 생생히 목격하였다. 이후 사회 개혁에 대한 의지는 더욱 뚜렷
해졌다.

시련의 세월은 길었다. 3년간의 유배가 풀렸지만 그는 권문세족의
횡포로 여기저기 쫓기며 수년간 유랑 생활을 해야만 했다. 그럼에도 그
의 마음속에는 항상 혁명에 대한 꿈이 쑥쑥 자라고 있었다.

정도전은 당시 동북면지휘사東北面指揮使로 함경도에 머무르던 이성계
를 찾아갔다. 조선 왕조의 탄생을 예고하는 운명적인 만남이었다. 군
기가 엄정한 이성계의 군사를 보고 정도전이 꺼낸 첫마디는 유명하다.
"이만한 군대라면 세상에 무슨 일이든 못하겠습니까?"

이는 은근히 혁명을 권유하는 말이었다.

중앙 정계로 돌아온 정도전은 1388년에 위화도 회군으로 이성계가
권력을 장악하자 조준과 함께 전제 개혁을 적극 추진하였다. 이것은 기
득권의 심장을 건드리는 것으로 어지간한 용기와 뚝심이 없이는 힘든
일이었다.

마지막까지 고려의 틀을 고집하던 정몽주가 이방원에게 피살되자,
마침내 정도전은 이성계를 추대하여 조선 왕조를 개창하였다. 후일 정
도전은 "한 고조가 장자방을 쓴 것이 아니라 장자방이 한 고조를 쓴 것
이다."라고 말하곤 했다. 즉 자기가 이성계를 이용해 조선을 세웠다는

자부심의 표현이었다.

정도전의 능력은 새 왕조의 기틀을 마련하는 작업에서 더욱 그 빛을 발했다. 국가 이념의 정립부터 한양 천도, 각종 문물 제도의 정비에 이르기까지 그의 입김과 손길이 닿지 않는 곳이 없었다. 요즘의 표현을 빌리자면 조선 시대 최고의 '멀티 플레이어'라고 할 수 있다.

1394년 5월 30일에 태조에게 올린 『조선경국전』도 그의 작품이었다. 『조선경국전』은 정부의 형태, 군사 제도, 조세 제도 등 국가의 제도와 운영의 근본이 되는 내용을 담고 있다. 유교는 왕도 정치의 실현을 그 이상으로 삼고 있는데, 정도전은 『조선경국전』에서 그 정신을 강조하고 있다. 정치의 근본은 인仁으로서 어진 정치는 임금의 마음을 바로잡아야 가능하다는 것이었다.

정도전은 재상 중심의 정치 체제를 이상적으로 보았다. 능력에 따라 발탁되는 재상은 비록 어질지 못한 왕을 만나도 잘 보완할 수 있다는 논리였다. 이것이 왕권을 강화시키려는 이방원과 처음부터 충돌할 수밖에 없는 이유였다.

『조선경국전』은 비록 공식 법전으로는 채택되지 못했으나 후일 조선 시대의 통치 기준이 된 최고의 법전인 『경국대전經國大典』의 바탕이 되었다.

* 1388년 5월 22일 '이성계, 위화도 회군으로 실권을 장악하다' 참조

1930년 5월 30일

간도 5 · 30 폭동 발생

1930년 5월 30일, 중국 공산당 만주성 위원장인 유소기의 지휘하에 간도에 거주하던 조선인 공산당원들이 폭동을 일으켰다. 이른바 '간도 5 · 30 폭동'의 시작이었다.

1930년대 전후 조선의 농민들은 일제의 수탈로 비참하고 힘겨운 생활을 하고 있었다. 이를 견디지 못한 농민들은 결국 고향을 등지고 간도로 떠났다. 그러나 이곳에서도 중국인들의 착취가 계속되어 농민들은 비참한 삶을 계속할 수밖에 없었다. 이 때문에 농민들은 거의 폭발할 지경에 이르렀다.

이러한 때에 새로 중국공산당 대표가 된 이립삼이 폭동 노선을 내세웠다. 그는 당시 간도에 거주하고 있던 조선인들이 이렇게 비참한 생활을 하는 것은 조선인이기 때문이 아니라 노동자이기 때문이라고 하였다. 또한 이들이 자본가의 압박으로부터 해방되는 데에는 조선의 독립만으로는 도저히 불가능하다고 역설하였다.

마침내 이들은 1930년 5월 30일, 대대적인 폭동을 일으켰다. 그만큼 피해도 상당했다. 이들은 철도와 교량을 파괴하고 전화선을 차단하고 일본 영사관과 경찰서를 습격하였다. 이에 일본은 함경도 회령에 거주하고 있던 군대를 급파하여 진압 작전에 나섰다. 하지만 폭동은 1년간이나 지속되었다.

이 사건으로 간도 일본 영사관 경찰에 검거된 인원만 2,000여 명이었다. 그중 700여 명이 경성지법 사상 전문계로 이송되었으며 347명이

재판에 회부되었다.

—

1985년 5월 30일

63빌딩 완공

—

서울시 영등포구 여의도동에 있는 63빌딩은 1978년에 설계를 시작하여 1985년 5월 30일에 완공되었다.

63빌딩은 해발 264m로 완공 당시 아시아에서 가장 높은 빌딩이 되어 우리나라 초고층 시대의 서막을 열었다. 63이라는 숫자는 지상과 지하의 층수를 합한 숫자를 의미하는 것으로 빌딩은 지상 60층, 지하 3층으로 이루어져 있다.

63빌딩은 전망대, 수족관 등 각종 부대시설과 초고층 건물의 이점을 살린 관광 공간을 마련한 것이 특징적이다.

5월의
모든 역사

5월 31일

■
.
■

2002년 5월 31일

한일 월드컵 축구 대회가 열리다

내 붉은 심장에 물결치는 신념의 이름으로
굳은 두 주먹 다지며 이제는 전장으로 나가세.

격정의 벅찬 우리 역사는 저 하늘을 우러러
더없이 우리의 투지와 패기를 한없이 불살라 보세.

거친 함성과 열기는 승리를 위함이라.
부릅뜬 두 눈에 불꽃은 바로 원래 영광이라.

-노브레인, 「진군가」

2002년 5월 31일, 우리나라와 일본에서 동시에 제17회 한일 월드 컵 축구 대회가 열렸다.

월드컵 역사상 최초로 두 나라의 공동 개최 형태로 치러졌으며, 6월 30일까지 총 31일간 계속되었다. 21세기의 시작을 알린 2002년 월드컵의 슬로건은 '새 천년, 새 만남, 새 출발'이었다.

제17회 한일 월드컵은 총 192개국이 지역 예선을 치러 32개국이 본선에 참가하였다. 우리나라와 일본에서 각각 10곳, 모두 20개의 도시에서 모두 64경기를 치렀다.

그러나 1998년 프랑스에서 치러진 제16회 프랑스 월드컵에서 대부분의 강호들이 수준 높은 경기력을 선보였던 대회와는 사뭇 다른 모습이었다. 당시 우승팀이었던 프랑스가 세네갈과의 개막전에서 0대 1로 패한 것을 시작으로 덴마크와 마지막 경기에서도 패해 끝내 탈락의 고배를 마셨다.

2002년 대회를 빛낼 최고의 스타로 손꼽혔던 지네디 지단은 부상으로 제대로 실력 발휘를 하지 못했다. 이로써 프랑스는 월드컵 참가 사상 최초로 본선 무득점을 기록하며 종합 순위 29위에 그치고 말았다.

'오렌지 군단'으로 통하는 네덜란드 대표팀은 클루이베르트, 반 니스텔로이, 다비즈 같은 스타 선수들의 존재에도 불구하고 포르투갈과 아일랜드의 벽을 넘지 못했다. 지역 예선에서 막강한 전력을 과시했던 아르헨티나 역시 결국 조별 리그에서 실패하고 말았다. 전통의 강호 포르투갈과 이탈리아도 고전을 면치 못했다.

한편 남미 축구의 강호 브라질은 지역 예선에서 전례를 찾아보기 어려운 정도로 저조한 성적을 냈다. 그러나 브라질은 지역 예선의 부진을 딛고 본선에서 맹활약을 펼쳤다. 스콜라리 감독이 승부수로 띄운 3-5-

2 시스템이 대성공을 거두었고 호나우두, 히바우두, 호나우지뉴가 안정된 경기력을 선보였다. 마침내 브라질은 독일을 물리치고 우승을 차지하여 월드컵 5회 우승을 달성했다. 오랜 부상에 시달리던 호나우두는 8골로 득점왕을 차지하며 화려하게 부활하였다. 이 외에도 독일 대표팀의 올리버 칸은 골키퍼로서는 최초로 월드컵 MVP로 선정되는 영예를 누렸다.

아시아에서는 중국이 사상 처음으로 본선에 오르는 쾌거를 달성하였으며 개최국인 한국 축구 대표팀은 기대 이상의 맹활약을 펼쳤다. 한국은 국제 축구 연맹FIFA랭킹 5위였던 포르투갈을 꺾고 16강 진출의 쾌거를 이뤄냈다. 한국의 상승세는 거침없이 계속됐다. 6월 18일에 치러진 한국과 이탈리아의 경기에서는 연장까지 가는 접전 끝에 안정환이 결승골을 넣었다. 이어 22일에 치러진 스페인과의 경기에서는 홍명보가 승부차기 끝에 4강행을 확정하였다. 이로써 한국은 유럽 및 아메리카 이 외의 국가로는 월드컵 역사상 최초로 4강 신화의 역사를 썼다. 특히 7전 3승 2무 2패라는 우수한 성적을 거뒀다.

한국은 1954년 스위스 월드컵 축구 대회 이후 5차례나 월드컵 축구 대회에 출전했지만 44년간 단 한 번도 승리하지 못했다. 그러나 2002년 일본과의 공동 개최가 결정된 후 7개의 전용 경기장을 새로이 건립하고, 한국 축구의 체질 개선을 위해 네덜란드 출신의 거스 히딩크 감독을 영입하였다.

그리고 히딩크 감독의 지휘 아래 D조 예선 폴란드와의 1차전에서 승리하여 월드컵 첫 승리를 시작으로 오랜 숙원인 16강 진입을 넘어 4강의 쾌거를 달성해 냈다.

한국의 4강 진입은 '유럽과 라틴아메리카 외의 지역은 8강이 한계'라

는 세계 축구계의 통념을 뒤바꾸며 제3세계의 축구 위상을 새로 정립
하게 하였다.

한편 월드컵 기간 내내 전국의 경기장을 비롯한 광화문 일대에서 펼
쳐진 '붉은 악마'의 응원 문화는 전 세계인의 주목을 끌었다. 붉은 악마
는 1995년 12월에 결성된 한국 축구 국가 대표팀 지원 클럽으로, 당시
회원의 수는 50여 명에 불과했으나 2002년 월드컵을 계기로 그 수가
5,000여 명에 이르며 급성장하였다. 이들은 강렬하면서도 조직적인 응
원을 선보여 주목을 받았다.

연일 계속된 거리 응원 문화는 한국을 전 세계에 널리 알리는 좋은
계기가 됐다. 또한 각 경기마다 선전한 우리 축구 국가 대표팀 선수들
의 해외 진출도 계속되었다.

—

1886년 5월 31일

이화학당 설립

—

우리나라 최초의 여학교인 이화학당梨花學堂이 1886년 5월 31일에 설
립되었다.

이화학당은 미국인 선교사 메리 스크랜튼 여사가 세운 초 · 중 · 고등
과정의 사립 학교이다. 메리 스크랜튼은 조선 여성 교육의 시급함을 깨
닫고 서울 정동에 학교 부지를 매입한 뒤 공사를 시작하고 학생 모집
공고를 냈다.

그러나 아무도 찾아오는 사람이 없었다. 당시만 해도 여자는 규방
깊숙이 숨어 지내야 한다는 관념이 아주 강했기 때문이다. 그러나 이

름을 알 수 없는 한 여성이 직접 이곳을 방문함으로써 이화학당의 첫
수업이 시작됐다. 근대적인 여성 교육이 첫 발걸음을 떼는 역사적인
순간이었다.

그 후 이화학당의 학생의 수가 꾸준히 증가하여 1897년에는 기존
의 한옥 건물을 헐고 최신 설비를 갖춘 서구식 2층 건물을 착공하였다.
1910년에는 대학과를 신설하였으며 1925년에는 대학과 및 대학 예과
를 이화여자전문학교로 명칭을 바꿨다.

이화학당 출신의 졸업생으로는 김활란 전 이화여자대학교 총장을 비
롯해 한국 최초의 여의사 박에스더 등이 있다.

—

1908년 5월 31일

의병 신돌석, 울진에서 일본군과 교전

—

을미사변 이후 단발령이 확대되자 전국 각지에서는 의병들이 봉기하
였다. 이때 평민 출신의 의병장 신돌석이 100여 명을 이끌고 의병을 일
으켜 경상도 동해안 지방을 차례로 점령하는 등 큰 성과를 올렸다.

그 후 1905년에 을사조약이 체결되자, 전국 각지에서는 다시 의병들
이 조직되기 시작했고 신돌석은 이듬해 3월 영릉의병장寧陵義兵將이라는
이름으로 의병을 일으켰다. 그는 경상북도 울진에서 일본군 함선 9척
을 기습 파괴하고 삼척, 강릉, 양양 등지에 주둔한 일본군을 무찔렀다.
1907년 12월에는 서울 공격을 목적으로 전국 13도의 의병이 연합하였
다. 그러나 당시 의병장의 대부분이 양반 출신이었기 때문에 평민 출신
이었던 신돌석이 이끄는 의병들은 여기서 제외되었다. 이들은 결국 지

도력의 미흡으로 서울 공격을 성공하지 못한 채 해산되었다.

　그 후 신돌석은 1908년 5월 31일에 경상북도 울진에서 의병을 일으
켜 여러 차례 일본군과 교전을 벌였다. 이어 경상도, 강원도 일대와 동
해의 해안선을 기습하여 많은 적을 사살하는 등 가는 곳마다 큰 전과
를 올려 명성이 높았다. 그해 10월에는 이듬해에 기병할 것을 기약한
후 의병을 해산시키고 눌곡에 있는 부하 의병인 김상열에 집에 칩거하
였다.

　그러나 신돌석의 체포를 위해 현상금이 내걸리자 이를 탐낸 김상열
의 친척 김자성이 11월 18일에 그를 도끼로 찍어 무참히 살해하였다.

　신돌석은 뛰어난 전술을 바탕으로 국가의 위기를 구하기 위해 항일
운동을 전개한 공로를 인정받아 1963년에 건국훈장대통령장이 추서되
었다.

—

1948년 5월 31일

우리나라 최초의 국회, 제헌 국회 개회

—

1948년 5월 31일, 우리나라 최초의 국회인 제헌 국회制憲國會가 개회되
었다.

　제헌 국회는 국제 연합UN의 감시 아래 1948년 5월 10일에 총선거를
실시하여 구성한 국회로 우리나라 최초의 국회를 뜻한다. 5 · 10 총선
거는 남한 지역에서만 실시되어 제주도 2개구를 제외한 전국 198개 선
거구에서 198명의 국회의원이 선출되었다.

　5월 31일, 국회의사당에 198명의 국회의원이 모여 제1차 회의를 시

작하였다. 이들은 우리나라 헌정 사상 최초로 국민이 직접 뽑은 국민대
표들이었다. 이들의 최우선 과제는 헌법 제정이었다.

제헌 국회의 초대 의장에는 이승만, 부의장에 신익희, 김동원이 선출
되어 대한민국 정부 수립에 첫발을 내딛었다. 6월부터는 헌법 제정 작
업에 들어갔다. 초기에는 의원 내각제로 뜻이 모아졌으나, 이승만이 돌
연 대통령 중심제를 주장하면서 권력 구조가 바뀌었다.

그 후 제헌 국회는 7월 17일에 헌법을 제정 · 공포하고 20일에는 간
접 선거를 실시하여 이승만을 초대 대통령으로, 이시영을 부통령으로
선출했다.

* 1948년 5월 10일 '제1대 국회의원 선거 실시' 참조

1989년 5월 31일

한국 ABC 협회 창립총회 개최

ABCAudit Bureau of Circulations 제도란 신문 · 잡지의 발행 부수를 실제로 조
사하여 공개하는 제도로, 1914년에 미국에서 처음 시작되었다. 세계
32개국이 이 제도를 채택하여 각 나라의 특성에 맞추어 운용하고 있는
데 아시아에서는 1943년에 인도가 처음 도입하였다.

ABC 제도가 우리나라에 본격적으로 알려진 된 것은 1967년에 '한국
ABC 연구회'가 조직되어 활동을 시작하면서부터이다. 1988년 6월에
한국광고협의회 산하에 ABC 소위원회가 구성되면서 한국 ABC 협회의
설립 계기가 마련되었다.

한국 ABC 협회는 1989년 5월 31일 프레스 센터에서 78개의 회원이 참석한 가운데 창립총회를 개최하였다. 세계에서 23번째로 창립되었으며 1996년에는 정회원이 되었다.

이 제도는 신문 · 잡지 등의 경영 합리화와 광고 발전에 기여하고, 부수에 대한 정보를 상세히 밝혀줌으로써 불공정 거래 행위를 방지하는데 의의가 있다.

5월의 모든 역사 _한국사

초판 1쇄 인쇄 2012년 5월 1일
초판 1쇄 발행 2012년 5월 5일

지은이 이종하

펴낸이 김연홍
펴낸곳 디오네

출판등록 2004년 3월 18일 제313-2004-00071호
주소 121-865 서울시 마포구 연남동 224-57
전화 02-334-7147 **팩스** 02-334-2068
주문처 아라크네 02-334-3887

ISBN 978-89-92449-88-5 03900